相続税の物納制度が大改正！

# 上場株式等の相続と有利な物納選択

税理士 山本和義・税理士 水品志麻 [著]

清文社

## はじめに

　相続税の納税方法として、金銭納付が困難な場合に「物納」を選択することが考えられますが、「土地」の物納については、境界標の設置や権利者を特定するための地積測量図が必要で、また、契約関係の確認のために必要な書類（貸宅地の場合には借地人から「敷金等に関する確認書」など）を取得するなど、かなりの時間とコストが必要とされ、物納の年間の申請件数は140件（平成28年度）と低迷しています。

　しかし、平成29年度税制改正において、平成29年4月1日以後に物納の許可を申請する場合から、上場株式等が物納の第1順位に繰り上げられました。物納申請における物納件数は、今までは土地がその大半（平成27年度では、物件総数122件のうち109件）を占めていますが、上場株式等の物納は、土地と比較して物納手続が容易であることから、今後は物納財産として上場株式等を選択することが増えると予想されます。

　上場株式等が物納財産の第1順位とされたことによって、物納にかかる時間とコストは大幅に軽減されます。また、生前対策として現預金を上場株式等に組み換えておいて、金銭納付困難事由に該当すれば、上場株式等を物納財産として申請することもできます。

　相続税は、相続の開始があったことを知った日の翌日から10か月以内が納付期限（物納申請期限）とされていて、物納の収納価額は、原則として相続税評価額とされています。そのため、相続開始から相続税の納付期限までの間に上場株式等の価額の下落によってその株式等の収納価額が上回っている場合などでは、物納による相続税の納税が有利となります。

そこで、第一章では上場株式等の相続に当たっての確認方法、相続税評価額、相続手続及び相続した上場株式等を譲渡した場合の課税関係などについて、第二章では物納制度全般について、第三章では上場株式等を物納する際の具体的な手続などについて、第四章では設例を用いて物納を成功させるためのポイントなどについて分かりやすく解説します。（土地の物納などについては、拙著「物納による相続税の納税対策」（清文社）を参照ください。）
　なお、文中意見にわたる部分は私見ですので、念のため申し添えます。

平成29年11月

　　　　　　　　　　　　　　　　　　　　税理士　山本　和義
　　　　　　　　　　　　　　　　　　　　税理士　水品　志麻

# もくじ

## 第一章 上場株式等の相続

| | | |
|---|---|---|
| **1** | 証券会社における残高の確認 | 2 |
| （1） | 相続開始直前に売買等があった場合の残高 | 3 |
| （2） | 相続当日に現金引出しをした場合のMRF（マネー・リザーブ・ファンド）の残高 | 3 |
| **2** | 証券保管振替機構による証券口座の有無 | 4 |
| **3** | 所在不明株主の株式の調査 | 16 |
| （1） | 概　要 | 16 |
| （2） | 株主名簿管理人への確認 | 16 |
| （3） | 当該株式会社ホームページでの確認 | 17 |
| **4** | 信託銀行等（証券代行部）に特別口座の株式の有無を確認 | 18 |
| （1） | 概　要 | 18 |
| コラム | 株式数比例配分方式を選択できない原因となっている特別口座等の確認方法 | 19 |
| （2） | 株主名簿管理人の確認 | 19 |
| （3） | 証券代行部への照会 | 19 |
| （4） | 株式異動証明書の取得 | 20 |
| **5** | 上場株式の相続税評価額 | 25 |
| （1） | 上場株式の相続税評価 | 25 |
| （2） | 上場株式についての最終価格の特例 | 26 |

(3) 株式の売買約定日後、株式の受渡日前に相続が開始した
　　　場合 ……………………………………………………………………… 28
　(4) 株式の信用取引の決済前に死亡した場合 ……………………… 29
　(5) 公開途上にある株式 ………………………………………………… 29
　(6) 外国の金融商品取引所に上場されている株式 ………………… 29
　(7) ストックオプションの評価 ………………………………………… 30

**6 投資信託等の相続税評価額** …………………………………………… 31
　(1) 貸付信託受益証券 …………………………………………………… 31
　(2) 証券投資信託受益証券 ……………………………………………… 31
　(3) 投資一任契約 ………………………………………………………… 33

**7 国債・地方債等の相続税評価額** ……………………………………… 34
　(1) 国　債 ………………………………………………………………… 34
　(2) 地方債及び特別の法律により法人の発行する利付公社債 …… 34

**8 配当期待権・未収配当金・未受領配当金・株主優待券** ………… 36
　(1) 配当期待権 …………………………………………………………… 36
　(2) 未収配当金 …………………………………………………………… 36
　(3) 未受領配当金 ………………………………………………………… 37
　(4) 株主優待券 …………………………………………………………… 39
　コラム　上場株式等の配当金の受取方法 ………………………………… 40

**9 各種証券口座の概要** …………………………………………………… 41
　(1) 一般口座 ……………………………………………………………… 41
　(2) 特定口座 ……………………………………………………………… 41
　(3) NISAとジュニアNISA口座 ………………………………………… 44
　コラム　親権者から幼少の子への贈与 …………………………………… 47

**10 被相続人の株式の相続手続** …………………………………………… 49
　(1) 一般的な相続手続 …………………………………………………… 49
　(2) 被相続人の特定口座で保有していた株式 ……………………… 49
　(3) 被相続人が一般口座で保有していた株式 ……………………… 49

(4)　被相続人のNISA口座で保有していた株式 ……… 52
　(5)　特別口座で保有していた株式 ……………………… 52
　(6)　信用取引 ……………………………………………… 53
　(7)　暫定的に相続による名義変更を行った場合 ……… 53
**11** 相続した株式等の譲渡 ……………………………… 55
　(1)　遺産分割協議成立前の株式等の売却 ……………… 55
　(2)　換価分割に伴う譲渡所得の取扱い ………………… 55
　(3)　相続税額の取得費加算の特例 ……………………… 56
■コラム■ 死亡した年に特別徴収された住民税 ………… 59
　(4)　取得費を加味して遺産分割を考える ……………… 60
**12** 国外転出時課税 ……………………………………… 64

# 第二章
# 物納制度の概要

**1** 物納の現状 …………………………………………… 68
　(1)　相続税の延納・物納処理状況等 …………………… 68
　(2)　物納財産の種類別内訳 ……………………………… 69
**2** 制度の概要 …………………………………………… 70
**3** 物納の要件 …………………………………………… 71
**4** 物納手続関係書類の提出期限 ……………………… 81
**5** 物納の許可までの審査期間 ………………………… 85
**6** 物納財産の価額（収納価額） ……………………… 91
**7** 物納の再申請 ………………………………………… 91
**8** 物納許可 ……………………………………………… 91
**9** 条件付許可 …………………………………………… 92
**10** 物納申請財産の所有権移転手続 …………………… 93

| | | |
|---|---|---|
| 11 | 収納済証の交付 ………………………………………… | 94 |
| 12 | 利子税の納付 …………………………………………… | 94 |
| (1) | 物納却下による延納申請を行った場合の利子税 ……… | 94 |
| (2) | 物納却下による物納再申請を行った場合の利子税 …… | 94 |
| (3) | 却下された税額を納付する場合 …………………………… | 95 |
| 13 | 物納却下 ………………………………………………… | 95 |
| (1) | 物納却下通知書の受領 ……………………………………… | 95 |
| (2) | 却下された相続税額の納付方法の選定 …………………… | 96 |
| (3) | 延納申請への変更 …………………………………………… | 96 |
| (4) | 物納の再申請 ………………………………………………… | 96 |
| (5) | 上記(3)、(4)以外の場合 …………………………………… | 97 |
| 14 | 特定物納制度（延納から物納への変更）………………… | 98 |
| (1) | 適用要件 ……………………………………………………… | 98 |
| (2) | 特定物納申請税額の算定 …………………………………… | 98 |
| (3) | 特定物納申請財産の選定 …………………………………… | 99 |
| (4) | 特定物納申請財産の収納価額 ……………………………… | 99 |
| (5) | 物納手続関係書類の作成 …………………………………… | 100 |
| (6) | 特定物納許可・却下又は取下げがあった場合 …………… | 100 |
| 15 | 不服申立ての制度 ……………………………………… | 105 |
| (1) | 不服申立てができる処分の通知書（例示）……………… | 105 |
| (2) | 再調査の請求 ………………………………………………… | 105 |
| (3) | 審査請求 ……………………………………………………… | 106 |
| (4) | 裁決に不服がある場合 ……………………………………… | 106 |
| 16 | 金銭納付困難事由の判定 ……………………………… | 107 |
| (1) | 金銭で納付することが困難な金額の判定 ………………… | 107 |
| (2) | 判定日 ………………………………………………………… | 116 |
| (3) | 判定方法 ……………………………………………………… | 116 |

# 第三章
# 上場株式等の物納申請の留意点

**1** 国内財産・国外財産の判定 …………………………………… 122
**2** 収納単位 ………………………………………………………… 123
　(1) 株式の場合 ……………………………………………………… 123
　(2) 投資信託等の場合 ……………………………………………… 123
**3** 収納価額 ………………………………………………………… 123
**4** 上場株式等を物納した場合のメリット ……………………… 124
　(1) 大きな含み益の有価証券は物納有利 ………………………… 125
　(2) 「相続税評価額＞物納時の売却手取額」であれば物納有利 … 125
　(3) 後期高齢者医療制度の窓口負担への影響 …………………… 126
**5** 上場株式等の物納手続 ………………………………………… 128
　(1) 標準的な審査期間等 …………………………………………… 128
　(2) 財務大臣への名義変更等 ……………………………………… 129
　(3) 実務上の留意点 ………………………………………………… 135
**6** 収納された上場株式等の管理・処分 ………………………… 136

# 第四章
# 設例で検証する物納

**1** 金銭納付困難の判定 …………………………………………… 140
**2** 現預金をMMF等へ …………………………………………… 143
**3** 臨時的な支出 …………………………………………………… 145

| **4** | 相続発生後は、遺産分割によって金銭納付困難事由に該当するよう工夫する …………………………………… 147 |
| コラム | 相続開始後における対策 …………………………………… 149 |
| **5** | 株主優待制度 …………………………………………………… 151 |

凡　例

| 所基通……所得税基本通達 | 通法……国税通則法 |

（本書の内容は、平成29年11月1日現在の法令等によっています。）

# 第一章
## 上場株式等の相続

この章では、上場株式等の相続に当たっての確認方法、相続税評価額、相続手続及び相続した上場株式等を譲渡した場合の課税関係などについて解説します。

　上場株式等については、被相続人が口座開設していた証券会社等を確認するだけではなく、株主名簿管理人（信託銀行）の管理下に置かれている株式の有無についても確認することが欠かせません。まずは、証券会社や銀行等から株式や投資信託等の残高証明書を入手することから始めます。

　残高証明書による確認以外にも、以下のような方法によって上場株式等の有無を確認します。

## 1　証券会社における残高の確認

　上場株式等は、原則として証券会社の口座にて保有することとされていることから、証券会社の口座の残高を確認することにより、被相続人の所有していた財産を確認することができます。

　被相続人の口座の残高証明書の発行は、相続人から請求することができます。

【残高証明書の発行依頼に必要な書類】
　□被相続人の死亡年月日の記載がある戸籍謄本
　□被相続人と相続人（請求者）の関係が分かる戸籍謄本
　□相続人（請求者）の印鑑証明書

　なお、証券会社に残高がある場合には、定期的に取引内容について報告が行われているため、これらの資料が見つかれば、相続時点での残高ではないものの、おおよその財産は把握できます。ただし、ネット証券

の場合には、残高の報告などの郵送物がない場合がありますので、申告漏れがないように注意が必要です。

また、証券会社における過去の取引内容を確認したい場合には、顧客勘定元帳を請求することができます。各証券会社には、10年間の取引の履歴を保存することが義務付けられています。

### (1) 相続開始直前に売買等があった場合の残高

上場株式の売買を行う場合、約定日から受渡日まで4営業日を要します。証券会社において株式の移動があったと認識するのは受渡日であるため、その間に相続があった場合、残高の確認には注意が必要です。

●相続開始日が10月3日である場合

|  | 約定日 | 受渡日 | 取引内容 |
| --- | --- | --- | --- |
| A株式 | 10月1日 | 10月4日 | 100株（全株）売却 |
| B株式 | 10月1日 | 10月4日 | 300株購入 |

上記のように相続開始日が10月3日である場合、A株式は相続前に売付けの注文をしていますが、まだ受渡しが完了していないため、残高証明には100株が計上されることとなります。一方、B株式については、相続前に買付けの注文をしていますが、まだ受渡しが完了していないため、残高証明書には記載されません。

|  | 残高証明書 | 相続財産 |
| --- | --- | --- |
| A株式 | 100株 | 株式ではなく株式売付代金請求権として計上 |
| B株式 | 記載なし | 株式引渡請求権（又は株式）として計上※ |

※ 株式購入代金は債務に計上されます。

### (2) 相続当日に現金引出しをした場合のMRF（マネー・リザーブ・ファンド）の残高

証券会社によっては、MRF（マネー・リザーブ・ファンド）を即日引出し（キャッシング）できる場合があります。ただし、MRFは原則として換金申込受付日の翌営業日以降に換金できることとされているた

め、約定日から受渡日まで1日のずれが生じます。したがって、相続開始日の当日にMRFから現金出金した場合でも、証券会社の残高証明書にはその出金は反映されず、相続開始日における残高に含まれることとなるため、当日出金分の現金を別途相続財産に計上すると二重計上となってしまいます。

## 2 証券保管振替機構による証券口座の有無

　証券保管振替機構（ほふり）では、発行会社が株主名簿を作成するために、発行会社に対して株主の情報を通知しており、そのための準備行為として、あらかじめ証券会社等から当該証券会社等に口座を開設している者の住所・氏名等の情報（以下「加入者情報」といいます。）を受領し、当該情報を加入者情報登録簿に登録しています。

　この登録済の加入者情報について、開示請求を行うことにより、株主が株式等に係る口座を開設している証券会社、信託銀行等の名称及び登録内容（住所・氏名等）を確認することができますので、有価証券の財産計上漏れを防止することができます。

　ただし、開示情報には株式等の保有状況に関する情報は含まれていません。証券保管振替機構からの開示情報を基に、証券会社等に対し残高証明書を請求する必要がありますのでご注意ください。

【開示の対象】
　金融商品取引所に上場されている内国株式、新株予約権、新株予約権付社債、投資口（REIT）、協同組織金融機関の優先出資、投資信託受益権（ETF）、受益証券発行信託受益権（JDR）等に係る口座を開設する株主の情報です。非上場の投資信託受益権、外国株式、国債、社債等は対象に含まれません。

　登録済加入者通知書の、名寄せ状況に関する情報として、「名寄せされている加入者の口座」のところの「口座を開設している口座管理機関の名称」欄に●●信託銀行株式会社、●▲証券株式会社の名前があった場合、この２社に対して残高証明書の取得を行えば、名義人が所有している株式等の銘柄が分かり、有価証券の計上漏れを防ぐことができます。
　開示情報の請求の仕方は、次のようになり、提出書類等に不備がない場合でも手続完了までに最短で２週間程度かかります。また、手続が混み合っている等の場合には、さらに時間がかかりますので十分な余裕をもって手続をすることが必要です。
① 証券保管振替機構へ連絡し、開示請求書等の書類の郵送を依頼します。証券保管振替機構から、委任状（代理人が請求する場合に必要です。）、確約書及び登録済加入者情報開示請求書が送られてきます。
② 開示請求書等の書類に記入・捺印したのち証券保管振替機構へ、一定の書類を添付して郵送します。

## 1）委任状

相続人から委任を受けて請求する場合に必要な書類です。

---

委任状

代理人（受任者）
住　所：＿＿＿＿＿＿＿＿＿＿＿＿＿＿＿＿＿＿＿＿＿＿
氏　名：＿＿＿＿＿＿＿＿＿＿＿＿＿＿＿＿＿＿＿＿＿＿
生年月日：＿＿＿＿年＿＿＿＿月＿＿＿＿日

---

委任者本人以外（被相続人等）に関する開示請求を行う場合は，<br>↓その方の氏名を記載してください。

私は、上記の者を代理人とし、（＿＿＿＿＿＿＿＿＿の）登録済加入者情報に関する開示請求及びその情報を記載した「登録済加入者情報通知書」の受領等に係る一切の事務を委任いたします。

本人（委任者）　　　　　　　　　平成　年　月　日
住　所：＿＿＿＿＿＿＿＿＿＿＿＿＿＿＿＿＿＿＿＿＿＿
氏　名：＿＿＿＿＿＿＿＿＿＿＿＿＿＿＿＿＿＿＿＿＿＿　印
生年月日：＿＿＿＿年＿＿＿＿月＿＿＿＿日　　　　（実印）

平成 26 年 7 月 14 日版

第一章 ■ 上場株式等の相続

２）確約書

平成　年　月　日

株式会社証券保管振替機構　御中

確約書

開示請求を行う
相続人の内容を
記載してください。

住所：＿＿＿＿＿＿＿＿＿＿＿＿＿＿＿＿＿＿＿＿＿＿

氏名：＿＿＿＿＿＿＿＿＿＿＿＿＿＿＿＿＿　　　　　印
　　　　　　　　　　　　　　　　　　　　　　　　（実印）

（被相続人との続柄：　　　　　）※例：子、親、兄、弟　等

開示請求対象の
被相続人の氏名を
記載してください。

　私は、被相続人＿＿＿＿＿＿＿の相続人又は受遺者でありますが、その相続（遺贈を含む。以下同じ。）に関して、放棄の申述（民法第９３８条）又は権利の放棄（民法第９８６条）を行っておらず、また、欠格事由（同法第８９１条）もなく、相続人又は受遺者として当該相続の権利を阻害するその他の事由もないことを確認し、当該相続の権利を有する者として、貴社に対し、被相続人の登録済加入者情報の開示を請求いたします。
　なお、本件に関連して発生した争いについては、当事者間で解決することとし、貴社には一切の迷惑をかけません。また、貴社が私に情報を開示したことに起因して、貴社に損害が生じた場合には、すべて私が貴社に対してその賠償をいたします。

以　上

## 3）開示請求書

表面・裏面の☐の項目を全てご記入ください。
※原本でご提出いただく戸籍等の書類は開示請求結果に同封して返却します。戸籍等の書類の事前の返却をご希望の場合には、必ず、レターパックプラス又は簡易書留代金分の切手を貼付した返信用封筒を本請求書に同封してください。

平成29年11月1日版

### 登録済加入者情報開示請求書

平成　年　月　日

株式会社証券保管振替機構　御中

　私（請求者）は、（株）証券保管振替機構の定める手続方法に従い、開示請求の対象者（株主）の口座の開設先の情報（担保取引に係る口座の情報がある場合には、当該口座の情報を含む。）に係る登録済加入者情報の開示を請求します。

### 1．請求者

| | |
|---|---|
| ■請求者の氏名又は名称 | （フリガナ）<br><br>　　　　　　　　　　　　　㊞<br>（認印） |
| ■請求者の住所（結果郵送先） | 〒<br><br>※ ご記入いただいた氏名及び住所が確認できる本人確認書類をご提出ください。 |
| ■請求者の電話番号 | （　　　　）<br>（請求者が法人、弁護士等の場合）担当者名（　　　　　　）<br>※ 平日9：00～17：00に連絡のとれる電話番号をご記入ください。 |

### 2．開示請求を行う理由（その他の場合については、具体的にご記入ください。）

※ 開示請求を行う理由について選択してください（複数選択可）。

| | |
|---|---|
| ■開示請求を行う理由 | ☐ 株主名義の口座が開設されている証券会社等の調査のため<br>☐ 相続手続等に係る財産調査のため<br>☐ その他（　　　　　　　　　　　　　　　　　　） |
| 備考 | |

**引き続き裏面をご記入ください。**

【裏面をご記入する際の留意事項】
○弊社では、裏面にてご記入いただく氏名又は名称及び住所等に基づき調査を行いますので、これらの情報を確認できる公的な書類どおり（お手元に議決権行使書、配当金計算書等の書類がある場合は、当該書類どおり）にご記入ください。
○請求者と開示請求の対象者（株主）が同一の場合でも裏面をご記入いただく必要があります。
○現姓と旧姓の2つの名義で調査をご希望される場合は、登録済加入者情報開示請求書を2枚ご提出いただく必要があります。

※ 当機構の取り扱う個人情報、当機構の個人情報保護方針など当機構の個人情報保護に関する事項は、当機構ホームページ（http://www.jasdec.com/）に掲載されておりますので、適宜ご参照ください。

## 【開示請求の対象者となる株主の情報記入欄】

| ■株主の氏名又は名称 |
| --- |
| (お調べしたい氏名又は名称（法人名称を含む）をご記入ください。) |
| (フリガナ) |
| |

| ■株主の生年月日 | □明治　□大正　□昭和　□平成 | 年 | 月 | 日 |
| --- | --- | --- | --- | --- |

| ■株主の住所 |||
| --- | --- | --- |
| ■お調べしたい住所（旧住所を含む。）をすべてご記入ください。 || 機構使用欄 |
| ||| 該当有 | 該当無 |
| ① | | | |
| ② | | | |
| ③ | | | |
| ④ | | | |
| ⑤ | | | |
| ⑥ | | | |

| 機構使用欄 ||
| --- | --- |
| | |
| | |
| | |
| | |
| | |

4）請求者側で準備する書類

　a　被相続人の住所を確認できる書類

　　被相続人の住所を確認するための書類として、住民票除票又は戸籍の附票が必要となります。また、過去にお住まいの住所や旧姓等、過去の情報について開示を希望する場合は、過去の情報が確認できる住民票又は戸籍の附票等の公的な書類が必要となります。

　b　被相続人の相続の権利を有することが確認できる書類

　　開示請求者が誰なのかにより、準備しなければならない書類が異なりますので注意が必要です。

〈ⅰ　開示請求者が被相続人の配偶者又は子の場合〉
・被相続人の除籍謄本
・開示請求者となる相続人の現在の戸籍謄本又は抄本

〈ⅱ　開示請求者が被相続人の親の場合〉
・被相続人の改製原戸籍・除籍・戸籍謄本（出生から死亡まで連続して編成されたもの）
・被相続人の子がいた場合は子の除籍謄本又は抄本（子が相続を放棄した場合はその旨の証明書）
・開示請求者となる相続人の現在の戸籍謄本又は抄本

〈ⅲ　開示請求者が被相続人の兄弟姉妹の場合〉
・被相続人の改製原戸籍・除籍・戸籍謄本（出生から死亡まで連続して編成されたもの）
・被相続人の子がいた場合は子の除籍謄本又は抄本（子が相続を放棄した場合はその旨の証明書）
・被相続人の親の除籍謄本又は抄本（親が相続を放棄した場合はその旨の証明書）
・開示請求者となる相続人の現在の戸籍謄本又は抄本

※上記以外の場合の必要書類については、証券保管振替機構にお問い合わせください。
※相続人の現在の戸籍謄本又は抄本については、発行後6か月以内のもの

c　開示請求者となる相続人の印鑑登録証明書（発行後6か月以内のもの）
③　証券保管振替機構にて書類内容の確認をし、不備等がなければ証券保管振替機構から手数料の支払依頼の電話がありますので、手数料2,000円（税込）を所定の銀行口座に振り込みます。
④　その後、証券保管振替機構から開示結果の送付があります。
　　開示結果は次のような書面にて送付されます。

1) 開示情報がある場合

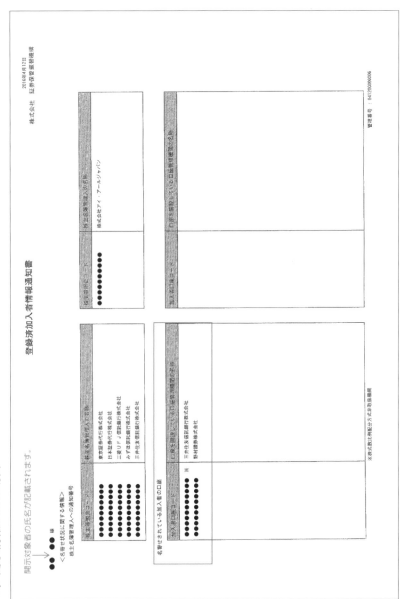

# 第一章 上場株式等の相続

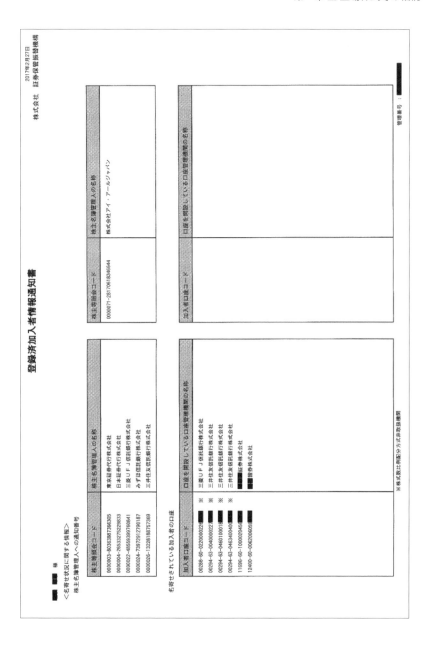

開示結果を見ると、名寄せされている加入者の口座のところの「口座を開設している口座管理機関の名称」欄に、三菱UFJ信託銀行株式会社、三井住友信託銀行株式会社、■■■証券株式会社、及び■■證券株式会社の名前があります。つまり、この４社に対して残高証明書の取得を行えば、名義人が所有している株式等の銘柄が分かり、有価証券の計上漏れが防ぐことができます。

## 2）開示情報がない場合

株式会社 証券保管振替機構
Japan Securities Depository Center, Incorporated

平成●●年●月●●日

税理士法人 ●●●●●●● 御中

株式会社証券保管振替機構

### 登録済加入者情報開示請求に係る調査結果の御案内

拝啓

　時下ますますご清祥のこととお慶び申し上げます。平素は格別のご高配を賜り、厚くお礼申し上げます。

開示対象者の氏名・住所が記載されます。

　さて、登録済加入者情報開示請求につきまして、弊社にて開示対象の氏名及び住所（●●●●● 様　「●●●●●●●●●●●●●●●●●●●●●●●●●」）の加入者情報を調査いたしましたが、該当する加入者情報はございませんでしたので、本書面をもって御通知いたします。

　また、登録済加入者情報の開示請求のお手続きにてご提出いただきました下記書類を同封にてご返却申し上げます。
　ご査収いただきますよう、お願い申し上げます。

敬具

記

| 印鑑証明書 | 1通 |
| 戸籍 | 8通 |
| 履歴事項全部証明書 | 1通 |
| 返信用封筒 | 1通 |

以上

＜　本件に関するお問い合わせ先　＞
株式会社証券保管振替機構
電話番号：03－3661－5705

## 3 所在不明株主の株式の調査

### (1) 概　要

　所在不明株主とは、会社法第197条第1項に規定する株式の株主のことで、株主名簿に記録された住所に宛てて発した通知又は催告が5年以上継続して到達せず、かつ、継続して5年間剰余金の配当を受領していない株主のことをいいます。

　株式会社は、所在不明株主やその他の利害関係人に対し、一定の期間内（3か月以上の期間であることが必要）に異議を述べることができる旨などを公告及び催告することで、異議申立期間経過後はその株式を市場で売却すること等ができます。

　売却された株主はその株主としての権利を喪失しますが、株式を売却されても10年間は会社に対して売却代金の請求をすることが可能であるため、被相続人が所在不明株主に該当する場合は、株式又は株式売却代金請求権が相続財産となります。

　被相続人が所在不明株主に該当するかどうかの確認方法は以下のとおりです。

### (2) 株主名簿管理人への確認

　所在不明株主は、株主名簿管理人である信託銀行で管理されています。

　単元未満株の確認を株主名簿管理人に行う場合は電話での照会が可能ですが、所在不明株主の確認の場合は、信託銀行所定の様式に「所在不明株主に該当するかどうかの調査を依頼する」旨を記載のうえ、必要書類を添付して株主名簿管理人（証券代行部）に送付する必要があります。

　なお、所在不明株主への該当の有無にかかわらず、株主名簿管理人からは書面で回答があります。また、代理人からの照会の場合は、代理人の住所宛に書面を郵送してもらうことができます。

〈必要書類〉(原本)
　① 被相続人の死亡の事実がわかる戸籍謄本
　② 相続人代表の戸籍謄本(被相続人との関係が分かるもの)
　③ 相続人代表の印鑑証明書
　④ 相続人代表からの委任状(代理人から照会する場合)
　⑤ 代理人の印鑑証明書(代理人から照会する場合)
　　※　原本は還付されます。

## (3) 当該株式会社ホームページでの確認

　所在不明株主の株式を売却するに当たっては、当該株式会社は会社法第198条の規定に基づき、所在不明株主及びその他の利害関係人が異議を述べることができる旨などを公告しなければなりません。

　この公告は当該株式会社のホームページに掲載され、その中で所在不明株主の氏名・株主名簿上の住所・所有株式数も公表されるため、公告された資料そのものを見て確認を行うことも可能です。

※　それぞれの会社のホームページを確認するのは、大変な手間がかかるため、「一般社団法人所在不明株主支援機構」では、同機構が情報登録管理する所在不明株主検索システムによって、所在不明株主情報を確認することができる有料サービスを行っています。

#  信託銀行等（証券代行部）に特別口座の株式の有無を確認

## (1) 概　要

　相続財産に上場株式がある場合、株主名簿管理人である信託銀行等に対して「特別口座」※の株式（主に単元未満株が多くあります。）の有無を確認する必要があります。

※　特別口座は、株券の電子化に伴い、証券保管振替機構に預託していない株券の株主の権利を保全するために、発行会社が口座管理機関（信託銀行等）に開設される口座のことです。単元未満株などが特別口座で管理されている事例が多くあります。

　単元未満株とは、最低売買単位である1単元（1株、100株、1,000株など）に満たない株式のことをいい、証券会社の口座ではなく信託銀行が管理する「特別口座」で管理されているため、証券会社の残高証明書を取得しただけでは確認がとれません。なお、電子化されなかったタンス株なども特別口座で管理されています。

---

〈株式数比例配分方式について（参考）〉

「株式数比例配分方式」とは、配当金を証券会社の取引口座で受け取る方式のことです。

　配当金の受取方法について「株式数比例配分方式」を選択している場合、当該方式は特別口座で管理されている銘柄が1つでもあれば選択することができないため、特別口座が存在しないことを確認することができます。

　「株式数比例配分方式」を選択しているかどうかは、株主名簿管理人である信託銀行や取引先の証券会社に確認すれば分かります。

> **コラム** 株式数比例配分方式を選択できない原因となっている特別口座等の確認方法
>
> 　請求者（株主）は、株式数比例配分方式の利用を届け出た証券会社等に、「登録済加入者情報の開示請求」の手続を申し出ます。
>
> 　証券会社等は、請求内容を証券保管振替機構に取り次ぎます。請求に従って開示結果を証券保管振替機構から請求者（株主）宛てに簡易書留・転送不要郵便で送付されます。その内容を確認することで、どこの証券会社等に特別口座等が残っているのか確認ができます。

### (2) 株主名簿管理人の確認

　まず、会社四季報で評価対象である上場会社の株主名簿管理人を確認します。

　会社四季報の中で、頭に[名]と記載されているものが株主名簿管理人です。

### (3) 証券代行部への照会

　株主名簿管理人を確認した後は、当該信託銀行の証券代行部に電話で照会を行います。株主名簿管理人ごとの証券代行部の連絡先は、各信託銀行のホームページや会社四季報で確認することができます。なお、書類を登録住所に送付してもらいたい場合には、電話は相続人本人が行う必要はなく、申告の委任を受けた税理士等の代理人からの照会でも受け付けてもらえる場合もあります。

　照会に当たって、「相続開始日における特別口座の残高を確認したい」旨を伝えると、証券代行部からは株式の銘柄を確認され、当該信託銀行が管理している銘柄であることの確認が行われます。

　その後に、①被相続人の漢字氏名及び住所、②相続開始日、を伝えると2～3週間後に、特別口座についての照会の回答書が被相続人の住所宛てに送付されます。

⑷ **株式異動証明書の取得**

　株主名簿管理人から取得できる書類として、「株式異動証明書」があります。特別口座で管理されている銘柄は取得時期が不明ですが、この「株式異動証明書」を取得することで当該銘柄の取得時期（名義書換時期）を確認することができます。

　取得時期が把握できれば、その時期の相場を基に取得費（取得価額）を計算することができるため、特別口座で管理されている銘柄を売却する場合の譲渡所得税等の負担を軽減することができます。

　なお、「株式異動証明書」には、証券会社で管理されている株式に係るものと、特別口座で管理されている株式に係るものの2種類があります。

第一章 ■上場株式等の相続

【残高証明書】

2017年 5月18日

みずほ信託銀行株式会社
証券代行部
東京都杉並区和泉二丁目8番4号
0120-288-324 (フリーダイヤル)

所有株式数証明書

下記の通り株主名簿に登録されていることを証明いたします。

記

| 証明日（基準日） | 2016年 6月30日 現在 |
|---|---|

| 銘　　柄 | キヤノン株式会社<br>（普通株式） |
|---|---|
| 株 主 氏 名 | ■■ ■■ |
| 株 主 住 所 | ■■市■■丁目<br>一■■ |

| 所 有 株 式 数 | 570 株 |
|---|---|

以上

(注) 上場有価証券等は、証券会社等の口座管理機関が管理する振替口座簿に記録されています。証券保管振替機構（ほふり）から、基準日（決算日、中間決算日等）現在の振替口座簿に記録された株主様のご所有合計株式数の通知（総株主通知）を受けて、株主名簿に記録いたしますので、口座管理機関ごとの内訳や期中の異動状況は株主名簿には記録されません。基準日以外の株式のご所有状況等の詳細につきましては、お取引の証券会社等へご確認くださいますようお願いいたします。

2017年5月18日

様

みずほ信託銀行株式会社
証券代行部
東京都杉並区和泉二丁目8番4号
０１２０－２８８－３２４

## 所有株式数証明書（特別口座）

下記の通り振替口座簿に登録されていることを証明いたします。

記

| 証　明　日 | 2016年11月14日　現在 |
|---|---|

| 銘　　柄 | キヤノン株式会社<br>（普通株式） |
|---|---|
| 加入者氏名 | ■■　■■ |
| 加入者住所 | ■■■■市■■丁目<br>■－■ |

| 所有株式数 | 30 株 |
|---|---|

以　上

【株式異動証明書】

1/1 頁
2017年5月24日

■■市■■丁目
■-■-■
■■ ■■ 様

みずほ信託銀行株式会社
証券代行部
杉並区和泉二丁目8番4号
0120-288-324 (フリーダイヤル)

( ■■ )

## 株式異動証明書

下記の通り相違ないことを証明いたします。

記

| 銘　柄 | キヤノン株式会社<br>（普通株式） |
|---|---|
| 株主氏名 | ■■ ■■ |
| 株主住所 | ■■市■■丁目<br>■-■-■ |

| 異動年月日 | 異動事由 | 異動株式数 | | 現在株式数 | 備考 |
| | | 増加 | 減少 | | |
|---|---|---|---|---|---|
| 2010. 5. 1 | 株式交換 | 570 | | 570 | |
| 2017. 4.17 | 現　在 | | | 570 | 株主名簿記載年月日<br>2016年12月31日 |
| | | | | 以下余白 | |
| | | | | | |
| | | | | | |
| | | | | | |
| | | | | | |
| | | | | | |
| | | | | | |
| | | | | | |
| | | | | | |

以　上

1/1 頁
2017年 5月24日

■■市■■丁目
■-■■
■■ ■■ 様

みずほ信託銀行株式会社
証券代行部
杉並区和泉二丁目8番4号
0120-288-324（フリーダイヤル）

(■)

## 株式異動証明書（特別口座）

下記の通り相違ないことを証明いたします。

記

| 銘　　柄 | キヤノン株式会社<br>（普通株式） |
|---|---|
| 加入者氏名 | ■■ ■ |
| 加入者住所 | ■■市■■丁目<br>■-■■ |

| 異動年月日 | 異動事由 | 異動株式数 | | 現在株式数 | 備　考 |
|---|---|---|---|---|---|
| | | 増　加 | 減　少 | | |
| 2010. 5. 1 | 株式交換 | 30 | | 30 | |
| 2017. 4.17 | 現　在 | | | 30 | |
| | | | | 以下余白 | |
| | | | | | |
| | | | | | |
| | | | | | |
| | | | | | |
| | | | | | |
| | | | | | |
| | | | | | |
| | | | | | |
| | | | | | |

以　上

## 5 上場株式の相続税評価額

上場株式とは、金融商品取引所に上場されている株式をいいます。

### (1) 上場株式の相続税評価

上場株式は、その株式が上場されている金融商品取引所が公表する課税時期（相続の場合は被相続人の死亡の日、贈与の場合は贈与により財産を取得した日）の最終価格によって評価します。

ただし、課税時期の最終価格が、次の3つの価額のうち最も低い価額を超える場合は、その最も低い価額により評価します。

① 課税時期の月の毎日の最終価格の平均額
② 課税時期の月の前月の毎日の最終価格の平均額
③ 課税時期の月の前々月の毎日の最終価格の平均額

国内の2以上の金融商品取引所に上場されている株式については、納税義務者が選択した金融商品取引所とすることができます。この取扱いは、「課税時期の最終価格」がある金融商品取引所があるにもかかわらず、その最終価格がない金融商品取引所を選択することは認められません。

なお、負担付贈与等によって取得した上場株式の価額は、課税時期の最終価格によって評価することとしています。

そこで、上場株式の物納を考える場合には、相続税評価額が高くなる金融商品取引所を選択するようにします。

なお、最終価格や月中平均最終価格は、インターネットで、日本取引所グループの「株式相場表」や「月間相場表」によって確認することができます。

● 株式相場表

2017年(平成29年)9月1日(金曜日)　　　　　　　　　　　　　　　　　　　　　　　　　　　　　　P.20

| コード Code | 売買単位 Trading Unit | 銘柄名 Issues | 午前 (The morning trading session) | | | | 午後 (The afternoon trading session) | | | | 最終気配 Final special quote | 前日比 Net Change | 売買高加重平均価格 VWAP | 売買高 Trading Volume | 売買代金 Trading Value |
|---|---|---|---|---|---|---|---|---|---|---|---|---|---|---|---|
| | | | 始値 Open | 高値 High | 安値 Low | 終値 Close | 始値 Open | 高値 High | 安値 Low | 終値 Close | | | | 千株(Thous. shs.) | 千円(Thous. ¥) |
| 4552 | 100 | JCRファーマ JCR Pharmaceuticals Co., Ltd. | 3,295.00 | 3,295.00 | 3,240.00 | 3,260.00 | 3,240.00 | 3,245.00 | 3,200.00 | 3,215.00 | — | -55.00 | 3,237.4727 | 118.9 | 384,935,500 |
| 4553 | 100 | 東和薬品 Towa Pharmaceutical Co., Ltd. | 5,290.00 | 5,360.00 | 5,260.00 | 5,330.00 | 5,330.00 | 5,370.00 | 5,320.00 | 5,360.00 | — | 120.00 | 5,340.0714 | 56.0 | 299,044 |
| 4554 | 100 | 富士製薬 Fuji Pharma Co., Ltd. | 3,805.00 | 3,840.00 | 3,785.00 | 3,795.00 | 3,785.00 | 3,830.00 | 3,755.00 | 3,810.00 | — | 10.00 | 3,808.8182 | 16.5 | 62,845,500 |

● 月間相場表

年月 (Year/Month):2017/01

### 株式相場表（5000 ～ 5999）
Stock Quotations (5000 ～ 5999)

立会日数(Trading Days):19　　　　　　　　　　　　　　　　　　　　　　　　　　　　　Page : 1 / 15

| 市場区分 Sector | 信用貸借 | 売買単位 Trading Unit 株/口 (shs./units) | 始値(日) Open (Date) 円(¥) | 高値(日) High (Date) 円(¥) | 安値(日) Low (Date) 円(¥) | 終値(日) Close (Date) 円(¥) | 終値平均 Average Closing Price 円(¥) | 売買高 Trading Volume 株/口 (shs./units) | 売買代金 Trading Value 円(¥) | 値付日数 Days Traded |
|---|---|---|---|---|---|---|---|---|---|---|
| 5002 昭和シェル石油　普通株式　石油・石炭製品 SHOWA SHELL SEKIYU K.K.　Oil & Coal Products | | | | | | | | | | |
| 1 | 貸借 | 100 | 1,079.00 (4) | 1,153.00 (27) | 1,076.00 (4) | 1,107.00 (31) | 1,120.32 | 27,280,300 (4,044,800) | 30,544,928,138 (4,518,982,138) | 19 |
| 5008 東亜石油　普通株式　石油・石炭製品 TOA OIL COMPANY,LIMITED　Oil & Coal Products | | | | | | | | | | |
| 2 | 貸借 | 1,000 | 143.00 (4) | 154.00 (27) | 143.00 (4) | 151.00 (31) | 150.00 | 5,628,000 (255,000) | 839,741,963 (38,412,963) | 19 |
| 5009 富士興産　普通株式　卸売業 FUJI KOSAN COMPANY,LTD.　Wholesale Trade | | | | | | | | | | |
| 1 | 貸借 | 100 | 457.00 (4) | 463.00 (13) | 450.00 (16) | 458.00 (31) | 458.63 | 352,400 (49,700) | 162,653,590 (23,808,790) | 19 |

⑵　上場株式についての最終価格の特例

イ．課税時期が権利落等の日から株式の割当て等の基準日までの間にある場合

　課税時期が権利落又は配当落（以下「権利落等」といいます。）の日から株式の割当て、株式の無償交付又は配当金交付（以下「株式の割当て等」といいます。）の基準日の間にあるときは、その権利落等の日の前日以前の最終価格のうち、課税時期に最も近い日の最終価格とします。

【設例】
① 権利落等の日の前日　　4月17日　100円
② 権利落等の日　　　　　4月18日　75円
③ 課税時期　　　　　　　4月19日　77円
④ 株式の割当て等の基準日　4月20日

課税時期の最終価格＝100円（77円は、権利落等の後の最終価格なので採用しない）

ロ．課税時期に最終価格がない場合
　課税時期に最終価格がないものについては、以下に掲げる区分に応じた最終価格とされます。
　① ②又は③に掲げる場合以外の場合
　　課税時期の前日以前の最終価格又は翌日以後の最終価格のうち、課税時期に最も近い日の最終価格（その最終価格が2ある場合には、その平均額）

【設例】課税時期○月11日の場合

| 月　日 | A上場株式 | B上場株式 | C上場株式 |
|---|---|---|---|
| ○月8日 | 260円 | 300円 | 400円 |
| ○月9日 | 取引なし | 310円 | 取引なし |
| ○月10日 | 取引なし | 取引なし | 取引なし |
| ○月11日 | 取引なし | 取引なし | 取引なし |
| ○月12日 | 取引なし | 取引なし | 取引なし |
| ○月13日 | 取引なし | 取引なし | 380円 |
| ○月14日 | 274円 | 320円 | 390円 |
| 課税時期の最終価格 | ※　267円 | 310円 | 380円 |

※　（260円＋274円）×1/2＝267円

② 課税時期が権利落等の日の前日以前で、①に定める最終価格が、権利落等の日以後のもののみである場合又は権利落等の日の前日以前のものと権利落等の日以後のものとの2ある場合

　　課税時期の前日以前の最終価格のうち、課税時期に最も近い日の最終価格

③ 課税時期が株式の割当て等の基準日の翌日以後で、①の定めによる最終価格が、その基準日に係る権利落等の日の前日以前のもののみである場合又は権利落等の日の前日以前のものと権利落等の日以後のものとの2ある場合

　　課税時期の翌日以後の最終価格のうち、課税時期に最も近い日の最終価格

(3) **株式の売買約定日後、株式の受渡日前に相続が開始した場合**

① 売り付け株式

　　売り付けた株式については、相続開始時点での民法上の株式の所有権は売主に留保されており、いまだ買主側には移転していませんが、この時点では売主が確保しているのはその実質においては、「株式売付代金請求権（未収入金）」であると考えられることから、未収入金として評価することとなります。

② 買い付け株式

　　買い付けた株式については、相続開始時点での民法上の株式の所有権は売主に留保されており、いまだ買主側に移転していませんので、その有する財産は原則として「株式引渡請求権」となります。しかし、取引の実態を考慮した場合には、その買い付け株式に係る株式引渡請求権はその実質が株式そのものと何ら変わりがないと認められることから、相続財産を「株式」として申告した場合には、その申告が認められるものと考えられます。

　　この場合、買い付け株式を株式として申告するときには、財産評価基本通達（以下「評価通達」といいます。）によって評価した金額と

なりますが、株式購入代金は相続開始時点では未払いとされていますので、未払金を債務として計上することとなります。

### (4) 株式の信用取引の決済前に死亡した場合

① 空売りしていた者

借株担保金（売建金額）とその日歩（受取利息）の合計額が財産となり、課税時期における最終価格を基として評価した借株の額（最終価格の月平均額は採用できません。）と逆日歩（品貸料）が債務の額となります。

② 買付けを建てていた者

株式について現株と同様に評価した価額を財産の額とし、買いを建てた金額とその支払日歩（支払利息）の合計額が債務の額となります。（逆日歩（品貸料）を受け取る場合には、その未収金額は財産となります。）

なお、信用取引を行っている場合には、この外に証券会社に預託している「委託保証金」があり、別途財産として計上しなければなりません。

### (5) 公開途上にある株式

金融商品取引所が株式の上場を承認したことを明らかにした日から上場の日の前日までのその株式については、公募によって売出しが行われる場合には「公開価格」で、公募による売出しが行われない場合には課税時期以前の取引価格等を勘案して評価します。

### (6) 外国の金融商品取引所に上場されている株式

外国の金融商品取引所に上場されている株式は、国内における上場株式と同様に課税時期における客観的な交換価値が明らかですから、評価通達に定める「上場株式」の評価方法に準じて評価します。

なお、邦貨換算については、原則として、納税義務者の取引金融機関が公表する課税時期における最終の為替相場（対顧客直物電信買相場（TTB）又はこれに準ずる相場）によります。

### (7) ストックオプションの評価

ストックオプションとは、本来は新株予約権と同義ですが、ストックオプション制度とは、会社が取締役や従業員に対して、あらかじめ定められた価額（権利行使価額）で会社の株式を取得することのできる権利を付与し、取締役や従業員は将来、株価が上昇した時点で権利行使を行い、会社の株式を取得し、売却することにより、株価上昇分の報酬が得られるという一種の報酬制度を指します。

ストックオプションの評価方法は、財産評価基本通達で、「その目的たる株式が上場株式又は気配相場等のある株式であり、かつ、課税時期が権利行使可能期間内にあるストックオプションの価額は、課税時期におけるその株式の価額から権利行使価額を控除した金額に、ストックオプション1個の行使により取得することができる株式数を乗じて計算した金額（その金額が負数のときは、0とする。）によって評価する。」こととされています。

【設例】

課税時期が権利行使可能期間内にある上場会社のA株式会社及びB株式会社から付与されたストックオプションは以下のとおりです。

|  | A株式会社 | B株式会社 |
| --- | --- | --- |
| 課税時期における株式の価額 | 800円 | 5,000円 |
| 権利行使価額 | 700円 | 6,000円 |
| ストックオプション1個の行使により取得する株式数 | 10,000株 | 1,000株 |

① A株式会社
　（800円－700円）×10,000株＝1,000,000円

② B株式会社
　（5,000円－6,000円）×1,000株＜0円　　∴0円

## 6　投資信託等の相続税評価額

### (1) 貸付信託受益証券

　貸付信託受益証券とは、貸付信託法の規定に基づく信託で、信託財産を運用することによって得られた利益を受けることができる権利を表示した有価証券をいいます。

　貸付信託受益証券は、その証券を発行した信託銀行などが課税時期（相続の場合は被相続人の死亡の日、贈与の場合は贈与により財産を取得した日）現在で買い取るとした場合で、次の算式で計算した金額が評価額となります。

$$\text{元本の額} + \text{既経過収益の額} - \text{源泉所得税相当額} - \text{買取割引料} = \text{評価額}$$

　上記算式中の「既経過収益の額」は、課税時期の属する収益計算期間の開始日から課税時期の前日までの期間における収益の分配金の額をいいます。

### (2) 証券投資信託受益証券

　証券投資信託受益証券とは、「投資信託及び投資法人に関する法律」の規定に基づく証券投資信託で、投資信託会社が投資家から集めた資金を株式などの有価証券に投資し、その運用によって得た利益を受けることができる権利を表示した有価証券をいいます。

　証券投資信託受益証券は、課税時期において解約請求又は買取請求（以下「解約請求等」といいます。）を行ったとした場合に証券会社などから支払を受けることができる価額により評価します。具体的な評価方法は、次のとおりです。

① 中期国債ファンドやMMF（マネー・マネージメント・ファンド）等の日々決算型の証券投資信託の受益証券

　課税時期において解約請求等により証券会社などから支払を受けることができる価額として、次の算式により計算した金額によって評価します。

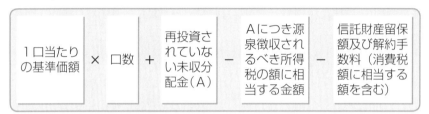

② ①以外の証券投資信託の受益証券

　課税時期において解約請求等により、証券会社などから支払を受けることができる価額として、次の算式により計算した金額によって評価します。

　なお、1万口当たりの基準価額が公表されている証券投資信託については、算式中の「課税時期の1口当たりの基準価額」を「課税時期の1万口当たりの基準価額」と、「口数」を「口数を1万で除して求めた数」と読み替えて計算した金額とします。

　また、課税時期の基準価額がない場合には、課税時期前の基準価額のうち、課税時期に最も近い日の基準価額を課税時期の基準価額として計算します。

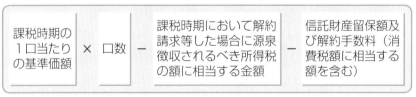

（注）証券投資信託の受益証券の中には、現在、金融商品取引所に上場されているものがありますが、このような受益証券については、解約請求等を前提とした評価方法は適切ではないことから、上場株式の評価の定めに準じて評価します。

## (3) 投資一任契約

　投資一任契約とは、投資運用業者が投資家から投資判断の全部又は一部を一任され、その投資判断に基づき投資を行うための権限を委託されることを内容とする契約をいいます。投資一任契約を締結したラップ口座では、この契約に基づいた資産配分構築や、株式、投資信託などの売買判断の一任、売買の注文執行が一般的に行われます。

　投資一任契約は、所有期間１年以下の上場株式の売買を行うものであり、また、顧客が報酬を支払って、有価証券の投資判断とその執行を証券会社に一任し、契約期間中に営利を目的として継続的に上場株式の売買を行っていると認められますので、その株式の譲渡による所得は、株式等の譲渡に係る事業所得又は雑所得に当たるものと考えられます。

　したがって、支払うべき投資顧問報酬については、株式等の譲渡に係る必要経費として、その年分の上場株式等に係る譲渡収入から差し引くことができるものと考えらえます。

　なお、投資一任勘定の契約者が死亡した場合に、その事実を証券会社が確認した時点で速やかに契約を終了し、資金が返還されます。

　相続税評価額は、相続開始日の価額によることとなります。

　この場合、相続開始日においては、相続財産は株式等であることから評価通達に従って評価し、未払いとなっている投資顧問報酬は債務として控除することとなります。

## 7　国債・地方債等の相続税評価額

### ⑴　国　債

個人向け国債は、課税時期において中途換金した場合に取扱機関から支払を受けることができる価額により評価します。

具体的には、以下に掲げる算式により計算した金額によって評価します。

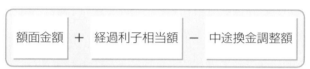

### ⑵　地方債及び特別の法律により法人の発行する利付公社債

利付公社債とは、定期的に利子が支払われる債券で、利払いは年間の一定期日に、その債券に付された利札（クーポン）を切り取って行われます。

① 金融商品取引所に上場されている利付公社債

（注1）上記算式中の「最終価額」及び「源泉所得税額相当額控除後の既経過利息の額」は、券面額100円当たりの金額です。
（注2）上記算式中の「最終価額」は、日本証券業協会において売買参考統計値が公表される銘柄として選定された利付公社債である場合には、金融商品取引所が公表する「最終価額」と日本証券業協会が公表する「平均値」とのいずれか低い方の金額となります。

② 日本証券業協会において売買参考統計値が公表される銘柄として選定された利付公社債（上場されているものを除く）

市場価額を基とした評価額 ＝ （ 平均値 ＋ 源泉所得税額相当額控除後の既経過利息の額 ） × 券面額/100円

(注) 上記算式中の「平均値」及び「源泉所得税額相当額控除後の既経過利息の額」は、券面額100円当たりの金額です。

### ③ その他の利付公社債

(注) 上記算式中の「発行価額」及び「源泉所得税額相当額控除後の既経過利息の額」は、券面額100円当たりの金額です。

●特別の法律により法人の発行する債券とは、商工債・農林債・長期信用銀行債等の金融債・放送債券・都市基盤整備債券等の政府機関債をいいます。

# 8 配当期待権・未収配当金・未受領配当金・株主優待券

　上場株式を有していると、配当金の交付を受けることがあります。相続開始日と、配当の効力発生日の組み合わせによって、以下のように区分して課税関係が整理されます。

## (1) 配当期待権

　配当期待権とは、配当金交付の基準日の翌日から配当金交付に関する株主総会の決議があるまでの間における配当金の交付を受ける権利をいいます。

　配当期待権は、課税時期後に受けると見込まれる予想配当の金額から源泉税を控除して相続財産に計上することとされています。

## (2) 未収配当金

　配当所得の収入金額の収入すべき時期は、原則として、配当の効力発生日とされています。そのため、死亡した日において受領していない配当のうち、配当の効力発生日後のものは未収配当金として相続財産に加算することとなります。

　未収配当金は、源泉徴収後の金額を相続財産に計上することとされています。

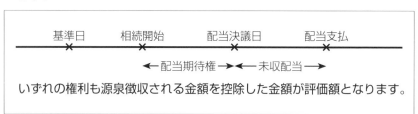

いずれの権利も源泉徴収される金額を控除した金額が評価額となります。

（注）　配当基準日の翌日から相続開始の日の前日までの間に、被相続人が所有する株式を譲渡した場合、相続開始日では当該株式は所有していないことになります。しかし、配当金は基準日の株主に支払われることになるため、配当期待権又は未収配当金として相続財産に計上する必要があります。

## (3) 未受領配当金

　未受領配当金とは、配当金の受取り方法として「配当金領収証方式」を選択していた場合、「配当金領収証を紛失してしまった」又は「配当金領収証に設定してある期限を過ぎてしまった」ときの配当金で未受領のものをいいます。

　期限切れでも配当金は支払われますが、配当の支払開始から3年が経過した場合には支払ができなくなるのが一般的です。この場合、請求して受領可能な期間内の未受領配当金については、源泉税を控除した金額（未受領金）を相続財産に計上することとされています。

　なお、配当金は通常「信託銀行」を通じて管理されていますので、信託銀行への照会で確認できます。

2017.5.26
年　月　日

■■　■■■　様

みずほ信託銀行株式会社
証券代行部

## 未払分配金残高証明書

下記のとおり、2017年4月25日現在の未払分配金残高を証明いたします。

記

| 名義人 | ■■　■■ |
|---|---|
| 住所 | ■■市■■■丁目■ー■■ |
| 銘柄 | アドバンス・レジデンス投資法人 |

| 決算基準日 | 分配金額 |
|---|---|
| 2016年07月期 | 11,413 円 |
| | 以下余白 |
| | |
| | |
| | |
| | |
| | |
| | |
| | |

| 備考 | |
|---|---|

以上

（注）証明の対象となる分配金は未払が確定しているものに限ります。
　　　（未払の確定は決算基準日から約半年後となります）

⑷ **株主優待券**

　法人が法人の利益の有無にかかわらず株主に対して供与することとしている株主優待券等（これらに代えて他の物品又は金銭の交付を受けることができることとなっている場合におけるその物品又は金銭を含みます。）は、法人が利益処分として経理しない限り、配当等には含まれないこととされています（所基通24－2）。

　なお、配当等に含まれない経済的な利益で個人である株主等が受けるものは、雑所得に該当することとされているため、被相続人が受け取った又は受け取るべき金額は原則として相続財産として課税されることになると考えられます。（相続税の申告実務では、その金額が僅少である場合には、相続財産に含めないで申告をしていることが多いと思われます。）

### コラム　上場株式等の配当金の受取方法

　上場株式等の配当金（ETF、REIT等の分配金を含みます。）の受取方法には以下のような方法から選ぶことができます。

① 株式数比例配分方式……すべての銘柄について、証券会社等の口座の残高に応じ、証券会社等を通じて配当金を受け取る方法

　　この方法を選択する場合、取引のある証券会社等が複数あるときには、1社に対して株式数比例配分方式の申込みをすると、他の証券会社等で保有する銘柄も含め、すべての銘柄について同方式が適用されます。

② 登録配当金受領口座方式……すべての銘柄について、あらかじめ指定した1つの金融機関預金口座で配当金を受け取る方法

　　この方法を選択する場合、取引のある証券会社等が複数あるときには、1社に対して登録配当金受領口座方式の申込みをすると、他の証券会社等で保有する銘柄も含め、すべての銘柄について同方式が適用されます。

③ 単純取次ぎ方式（個別銘柄指定方式）……銘柄ごとに、あらかじめ指定した金融機関預金口座で配当金を受け取る方法

④ 配当金領収書方式……ゆうちょ銀行等で配当金領収証と引き換えに配当金を受け取る方法

## 9 各種証券口座の概要

### (1) 一般口座

　特定口座やNISA口座で管理していない上場株式等を管理する口座のことで、一般口座で管理している株式等は、「特定口座年間取引報告書」のような利益が記載された報告書等は交付されませんので、投資家自らが1月1日から12月31日までの1年間の売買損益を計算し、翌年の2月16日から3月15日までに原則、確定申告をしなければなりません。

### (2) 特定口座

　上場株式等（平成28年からは特定公社債※や公募公社債投資信託も対象）の取引から生じた年間損益を証券会社等が計算するサービスを提供する口座のことです。

※　特定公社債とは、国債、地方債、外国国債、公募公社債、上場公社債、平成27年12月31日以前に発行された公社債（同族会社が発行した社債を除きます。）などの一定の公社債をいいます。

　この特定口座には、「源泉徴収あり」と「源泉徴収なし」の2つの種類があります。「源泉徴収あり」を選択すると、販売会社が納税も代行するため源泉徴収により課税関係が終了し、確定申告が不要になります。一方、「源泉徴収なし」を選択すると投資家自身で確定申告を行う必要がありますが、「年間取引報告書」には確定申告に必要な内容が記載されているので、この内容を確定申告書の所定の欄に記載して、年間取引報告書を添付する形で申告することとなり、簡素な申告納税が可能となります。一般口座や他の販売会社の特定口座との損益通算、譲渡損失の繰越控除の特例を受けるには、確定申告が必要となります。

　証券会社等が特定口座年間取引報告書として税務署に提出する様式は以下のとおりです。

　これは、特定口座開設者に対して報告する特定口座年間取引報告書の

様式とは異なっています。税務署への報告書には、株式の譲渡対価の支払状況や、配当等の交付状況について銘柄別に報告することとされています。一方、特定口座開設者に交付される特定口座年間取引報告書には、株式の譲渡に係る年間取引損益等や、配当等についての年間の配当等の額の合計額などが記載されているだけで、銘柄ごとの明細は記載されていません。(証券会社から3か月ごとに取引残高報告書(取引及び預り残高の報告)が投資家に提供されていて、銘柄や株数などの情報はそれに詳細に記載されています。)

　税務署に提出する様式であれば、株式数比例配分方式によって配当金等を特定口座で収受している場合には、配当等の額から所有する株式数などを簡単に推測することができます。

# 第一章 上場株式等の相続

(3) NISAとジュニアNISA口座
① NISA（ニーサ）

　　NISAは、平成26年1月から始まった少額投資非課税制度の愛称です。証券会社や銀行などの金融機関で、少額投資非課税口座（NISA口座）を開設して株式や投資信託等を購入すると、本来、20％※課税される配当金や売買益等が、非課税となる制度です。非課税投資枠は年間120万円までで、非課税期間は5年間です。

　※　税率は復興特別所得税を含めると20.315％となります。

　　なお、平成30年以降は、各年においてNISA（ニーサ）と、「積立NISA（ニーサ）」のどちらかを選択して利用することができるようになります。

　　また、積立NISA（ニーサ）は、積立による長期投資を強く後押ししていく観点から、平成29年度税制改正において創設された非課税累積投資契約に係る少額投資非課税制度の愛称で、証券会社や銀行、郵便局などの金融機関で、非課税口座を開設して、その口座内に設定する累積投資勘定においてＥＴＦや株式投資信託を購入すると、課税される分配金や売買益等が、非課税となる制度です。

　　購入できる金額は年間40万円まで、購入方法は累積投資契約に基づく買付けに限られており、非課税期間は20年間です。

　　上場株式の配当金やETF、REITの分配金が非課税とされるのは、受取方法として「株式数比例配分方式」を選択している場合に限られますので注意が必要です。

　　なお、NISA口座で買い付けた株式投資信託の分配金については、上記の手続は不要です。

(参考) 上場株式の配当金等の受取方法とNISA口座での課税

| 受取方式 | 受取方法 | NISA口座の配当金等 | NISA口座の売買益 |
|---|---|---|---|
| ① 配当金領収証方式 | ゆうちょ銀行及び郵便局等 | 20％課税※ | 非課税 |
| ② 登録配当金受領口座方式 | 指定の銀行口座 | 20％課税※ | 非課税 |
| ③ 個別銘柄指定方式 |  | 20％課税※ | 非課税 |
| ④ 株式数比例配分方式 | 証券会社の取引口座 | 非課税 | 非課税 |

※ 税率は復興特別所得税を含めると20.315％となります。

また、株式投資信託の分配金には、普通分配金と元本払戻金(特別分配金)があります。普通分配金は、投資信託の元本の運用により生じた収益から支払われる利益であり、NISA口座では非課税となります。一方、元本払戻金(特別分配金)は、「投資した元本の一部払い戻し」に当たるため、そもそも課税の対象ではなく、NISA口座の非課税のメリットはありません。

(参考) 株式投資信託の分配金とNISA口座での課税

| 分配金 |  | 課税の有無 |
|---|---|---|
| 普通分配金 | 投資信託の元本の運用により生じた収益から支払われる利益 | NISA口座で非課税 |
| 元本払戻金(特別分配金) | 投資した元本の一部払い戻し | そもそも課税の対象外 |

② ジュニアNISA(ニーサ)

ジュニアNISAは、平成28年1月から口座開設の受付が開始された未成年者少額投資非課税制度の愛称です。

証券会社や銀行などの金融機関で、ジュニアNISA口座を開設して株式や投資信託等を購入すると、本来、約20％の税率で課税される配当金や売買益等が、非課税となる制度です。非課税投資枠は年間80万円で、非課税期間は最長5年間です。

なお、ジュニアNISAは、3月31日時点で18歳である年の前年の12

月31日までは払出し制限があり、これに反して払出しがされた場合にはそれまで非課税で受領した配当金や売買益等について払出し時に生じたものとして課税されます。

## コラム　親権者から幼少の子への贈与

　贈与とは当事者の一方（贈与者）が自己の財産を無償で相手方（受贈者）に与える意思表示をし、相手方が受諾することによって成立する契約です。本来贈与は、恩恵・好意・謝意等の原因を動機としてなされるものですから法規範の対象外と考えられているのですが、近代民法は贈与を契約としてとらえて法的な拘束力を与えています。

　民法上の贈与では、民法549条では、

> 贈与は、当事者の一方が自己の財産を無償で相手方に与える意思を表示し、相手方が受諾をすることによって、その効力を生ずる。

と規定し、このことから、贈与は、無償・片務・諾成の契約であるといわれています。

　贈与は当事者の合意、つまり贈与者の「あげましょう」、受贈者の「もらいましょう」の意思表示があれば、書面によらずとも成立します。そのため、親が子の知らないところで子名義で預金をしても贈与したことにはなりませんので、注意が必要です。

　しかし、祖父から幼少である孫に贈与する場合、親権者が代表権を行使して、孫（親権者からすれば子）に代わって贈与の受託の意思表示をすることで贈与は成立します。

　また、親権者が未成年の子に対して贈与する場合の贈与契約の成立については、贈与契約は諾成契約であることから、贈与者と受贈者において贈与する意思と受贈する意思の合致が必要となりますが、幼少の子が受託の意思表示をすることは困難と考えられます。

　また、親権者から未成年の子に対して贈与する場合には、利益相反行為に該当しないことから親権者が受託すれば契約は成立し、未成年の子が贈与の事実を知っていたかどうかにかかわらず、贈与契約は成立すると解されています。

●民法第818条（親権者）
 1 成年に達しない子は、父母の親権に服する。
 2 子が養子であるときは、養親の親権に服する。
 3 親権は、父母の婚姻中は、父母が共同して行う。ただし、父母の一方が親権を行うことができないときは、他の一方が行う。
●民法第824条（財産の管理及び代表）
 親権を行う者は、子の財産を管理し、かつ、その財産に関する法律行為についてその子を代表する。ただし、その子の行為を目的とする債務を生ずべき場合には、本人の同意を得なければならない。

〔未成年者へ贈与する場合の贈与契約書〕

## 贈 与 契 約 書

　贈与者　山本　一郎は、受贈者　山本　次郎に、下記の財産を贈与し、山本　次郎はこれを受諾した。

（贈与財産の表示）
　　銘柄　　株式会社やまもと
　　株数　　普通株式　1,000株

　以上の契約を証するため、本契約書を1通作成し、両者署名押印のうえ、後日のため保有する。

　平成30年　1月　1日

贈与者　住　所　　大阪市中央区本町○丁目△番□号

　　　　氏　名　　山本　一郎（自署）


受贈者　住　所　　大阪市中央区本町○丁目△番□号
未成年者　山本　次郎の親権者

　　　　氏　名　　山本　和雄（自署）


受贈者　住　所　　大阪市中央区本町○丁目△番□号
未成年者　山本　次郎の親権者

　　　　氏　名　　山本　花子（自署）

## 10 被相続人の株式の相続手続

被相続人が保有していた株式を、相続人が相続する場合の手続は以下のようになります。

### (1) 一般的な相続手続

被相続人が保有する株式等の有価証券を相続する人が同じ証券会社に口座を持っていないときは、新たに口座を開設しなければなりません。（被相続人とは異なる支店に、相続人等の口座を開設することもできます。）

また、被相続人が保有していた上場株式は、原則として、複数の相続人等の口座に振り替えることができます。例えば、被相続人がA株式を10,000株保有していた場合、相続人甲にA株式を3,000株、相続人乙にA株式を7,000株というように振り替えることができます。

株式等の有価証券は、被相続人の口座で売却することはできませんが、相続人等の口座に振り替えた後であれば売却できます。

### (2) 被相続人の特定口座で保有していた株式

特定口座を開設している人が死亡した場合、「特定口座開設者死亡届出書兼非課税口座開設者死亡届出書」を提出しなければなりません。その場合、相続財産を引き継がれる人は、被相続人が特定口座で上場株式等を所有していた株式等については、被相続人の取得日・取得価額等を引き継ぐことが可能です。

なお、特定口座で相続財産を引き継がれる人が特定口座を開設されていない場合は、あらかじめ特定口座の開設が必要です。

### (3) 被相続人が一般口座で保有していた株式

被相続人が開設していた一般口座にある上場株式等を相続した相続人は、相続人が被相続人の一般口座が開設されている証券会社に対して、「相続上場株式等移管依頼書」を提出し、移管の依頼を行うことにより、

その上場株式等をその一般口座が開設されている証券会社に開設されている相続人の特定口座に受け入れることができます。

添付書類には、①「相続上場株式等の取得の日及びその取得に要した金額を証する書類」、②「1単位当たりの取得価額に相当する金額を記載した明細書」(当該被相続人が当該相続上場株式等の取得をした年月日、種類、銘柄、数、取得に要した金額等の記載があるものに限ります。)とされています。

なお、税法上、「被相続人の一般口座が開設されている証券会社」と「相続人の特定口座が開設されている証券会社」が同じ証券会社の場合にのみ認められており、証券会社が異なっている場合には、特定口座への受入れはできません。

一方、被相続人の特定口座から相続人への一般口座への相続による移管については、税法上の制限はありません。

(注) 一般口座から特定口座に受け入れる際の取得価額

　特定口座に受け入れる際の当該相続上場株式等の取得価額は、発行会社又は株主名簿管理人が発行する株式異動証明書等を「相続上場株式等の取得の日及びその取得に要した金額を証する書類」とする場合、当該書類に記載された相続上場株式等の取得の日の市場価格の終値を基礎として計算された価格が取得価額となります。

　ただし、相続上場株式等の名義書換の日が、当該相続・贈与・遺贈のあった日前10年以内の日であるものは、当該名義書換の日の市場価格の終値は利用できません。

　被相続人が複数回にわたって取得した同一銘柄の株式について相続を受け、相続人の特定口座に受け入れる際の取得価額は、総平均法に準ずる方法により計算します。

## ●取得に要した金額及び取得の日が確認できる書類

| 確認書類の種類 | 記載事項等 |
|---|---|
| 取引報告書 | 取得に要した金額・取得年月日・銘柄・数量・取得者の氏名の記載があるものに限ります。 |
| 取引残高報告書 | |
| 月次残高報告書 | |
| 受渡計算書 | |
| その他取引報告書等に相当する書類 | |
| 顧客勘定元帳の写し | 取得に要した金額・取得年月日・銘柄・数量・取得者の氏名の記載があるものに限ります。 |
| 証券会社等が作成した取得に要した金額取得証明書 | 取得に要した金額・取得年月日・銘柄・数量・取得者の氏名の記載があるものに限ります。 |
| 発行会社又は名義書換代理人等が作成した払込みに関する取得証明書 | 払込金額・払込年月日・銘柄・数量・取得者の氏名の記載のあるものに限ります。<br>取得価格は名義書換日※（株式の買増しを含みます）や、払込日（公募増資、新株予約権付社債（旧転換社債）の転換を含みます）の市場価格の終値に基づきます。<br>※ 株式異動証明書に記載された被相続人・贈与者・包括遺贈者の名義書換日が、相続・贈与・遺贈のあった日の前10年以内の日である場合は、その取得証明書は確認書類としてご利用できません。 |

### (4) 被相続人のNISA口座で保有していた株式

　非課税口座を開設している人が死亡したときは、相続人は、死亡したことを知った日以後遅滞なく、「非課税口座開設者死亡届出書」をその非課税口座が開設されている金融機関に提出しなければなりません。

　なお、その非課税口座の開設者が死亡した日以後、その非課税口座で支払われるべき配当等がある場合には、その配当等については、NISA（少額投資非課税制度）による非課税の適用はありません。

　なお、非課税口座を開設している人が死亡した場合は、非課税口座に受け入れていた上場株式等は非課税口座から払い出されます。その際、非課税口座の開設者が死亡した時に、その日の終値に相当する金額によりその上場株式等を売却したものとみなされます。（その譲渡益については非課税の適用があり、譲渡損失についてはなかったものとみなされます。）

　また、相続人が取得した死亡した人の非課税口座に受け入れられていた上場株式等は、非課税口座の開設者が死亡した時に、死亡した日の終値に相当する金額で相続人が取得したものとして、相続人の特定口座や一般口座に移管されます。

### (5) 特別口座で保有していた株式

　特別口座で保有していた被相続人の株式は、「一般承継（相続等）による口座振替申請書」に、必要事項を記入し、被相続人の特別口座から、相続人名義で開設されている証券会社等の口座に振り替えます。

　口座振替とは、特別口座から証券会社に開設した振替口座（一般口座）に株式を振り替えることです。そのため、手続に当たり、相続人名義で開設された証券会社等の口座が必要です。

　特別口座は株式の取引口座ではありませんので、特別口座に記録された株式を売買・譲渡・贈与するには、あらかじめ証券会社等に本人の取引口座を開設し、株式を振り替える必要があります。

　単元未満株式については、相続手続後、証券代行部において売却する

ことも可能です。

### (6) 信用取引

相続手続書類を提出すると、原則、証券会社の任意で建玉の決済（反対売買）が行われます。その際、決済損等の負債が発生した場合には、相続人に負債分の負担を求められます。

### (7) 暫定的に相続による名義変更を行った場合

納税資金の確保のためなど遺産分割協議が確定する前に上場株式等を売却しなければならないケースも考えられます。この場合には、遺産分割協議書によらず、共同相続人全員の同意のもと、特定の相続人へ上場株式等の名義変更を行うことも可能です。

その後、遺産分割協議が調った場合には、共同相続人間において有価証券の移管を行うこととなります。この場合において、証券会社では、「贈与等による振替」を行うこととなりますが、実質的に遺産分割協議の内容に基づき行われる振替であると認められる場合には、その移管に対して贈与税が課されることはないと考えられます。

ただし、遺産分割協議が調った後、速やかに振替を行わなければ、贈与があったとされる場合も考えられるため、注意が必要です。

| 被相続人の保有状況 | 移管先の相続人の口座 | 移管の判定 | 摘要 |
|---|---|---|---|
| 一般口座の株式<br>（A証券会社） | 特定口座<br>（B証券会社） | できない | 市場で売却し、新たに特定口座で株式を取得する |
| 一般口座の株式<br>（C証券会社） | 特定口座<br>（C証券会社） | できる | 被相続人と相続人が同じ証券会社に限り移管できる |
| 特別口座の株式 | 特定口座 | できる | 被相続人の取得費を引き継ぐ |
| NISA口座の株式 | 特定口座 | できる | 死亡した日の終値の金額で取得したものとされる |
| 源泉徴収なし<br>特定口座の株式 | 源泉徴収あり<br>特定口座 | できる | |
| 信用取引の株式 | 特定口座 | できない | 建玉の決済（反対売買）が行われる |
| 投資信託<br>（投資信託口座預り分） | 投資信託口座 | できる | |
| MRF・外貨建MMF | MRF・MMF | できない | 現金化される |
| 債券（国内・国外） | 債券口座 | できる | |

## 11 相続した株式等の譲渡

相続した株式等を相続人等が譲渡した場合の課税関係は以下のとおりです。

### (1) 遺産分割協議成立前の株式等の売却

上場株式等は日々価額が変動することから、すべての遺産について、遺産分割協議が成立する前に株式等を譲渡することが必要な場合も生じます。

そこで、遺産分割協議が成立していなくても、共同相続人の全員が証券会社等に対して特定の相続人名義へ変更することの同意書などを提出すれば、相続人へ名義変更することができますので、その後、市場で売却できます。

未分割での換価に当たっては、換価時点での所有割合である法定相続分によってあん分のうえ、各相続人の譲渡所得を計算しなければなりません。

ただし、譲渡所得の申告期限前に遺産分割が確定した場合には、その確定した実際の割合により譲渡所得を申告することも認められます。

つまり、遺産分割の確定が譲渡所得の申告期限後である場合には、譲渡所得の計算は、法定相続分により計算しなければならず、その後、法定相続分と異なる遺産分割が行われても譲渡所得には影響を及ぼしませんから、更正の請求(相続財産が増加する場合には修正申告)をすることはできません。そのため、遺産分割で相続しなかった場合でも譲渡所得に係る税金を負担する必要が生じてしまいます。

### (2) 換価分割に伴う譲渡所得の取扱い

共同相続した財産を換価したうえで、その代金を分割する方法により遺産を分割することは、遺産分割の1つの方法として認められています。

具体的には、被相続人が有していた上場株式等を、共同相続人が均分

に相続する旨の遺産分割協議が調った後に、譲渡手続に当たって、共同相続人のうちの1人の名義にいったん変更し、市場で換金処分して、遺産分割協議書に記載されている割合に応じてそれぞれに代金を支払っても、各人がその相続した部分について譲渡したことになりますので、贈与税が課されることはありません。

　株式の譲渡に当たって、名義人の特定口座に入庫して譲渡すると、その者の特定口座内の譲渡損失とその株式の譲渡益が自動的に損益通算されます。この取扱いについては、他の者の株式の譲渡益に該当するため、その者の特定口座からその譲渡損失を損益通算することはできないのですが、実務上、その者の修正申告等が行われていないことが多いと思われます。

### (3) 相続税額の取得費加算の特例

　この特例は、相続により取得した土地、建物、株式などを、一定期間内に譲渡した場合に、相続税額のうち一定金額を譲渡資産の取得費に加算することができるというものです。

　この特例は譲渡所得のみに適用がある特例ですので、株式等の譲渡による事業所得及び雑所得については、適用できません。

●特例を受けるための要件

　　イ　相続や遺贈により財産を取得した者であること
　　ロ　その財産を取得した人に相続税が課税されていること
　　ハ　その財産を、相続開始のあった日の翌日から相続税の申告期限の翌日以後3年を経過する日までに譲渡していること

　取得費に加算する相続税額は、平成27年1月1日以後の相続又は遺贈により取得した財産を譲渡した場合には、次の算式で計算した金額となります。ただし、その金額がこの特例を適用しないで計算した譲渡益(土地、建物、株式などを売った金額から取得費、譲渡費用を差し引いて計算します。)の金額を超える場合は、その譲渡益相当額となります。

〈算式〉

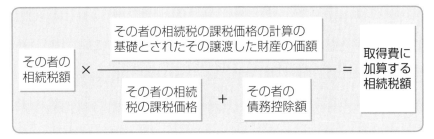

## 【設例】

1. 被相続人……父（平成29年4月死亡）
2. 相続人……長男・長女
3. 相続財産と遺産分割
  (1) 現預金　1億円（長女が相続した）
  (2) 上場株式（長男が相続した）

|  | 相続税評価額 | 時価 | 取得費 |
|---|---|---|---|
| A株式 | 1,000万円 | 1,400万円 | 900万円 |
| B株式 | 2,000万円 | 2,500万円 | 2,800万円 |
| C株式 | 9,000万円 | 9,000万円 | 6,000万円 |
| 合計 | 12,000万円 | 12,900万円 | 9,700万円 |

  (3) 借入金　2,000万円（長男が承継した）
4. 相続税

(単位：万円)

|  | 長男 | 長女 |
|---|---|---|
| 現預金 | — | 10,000 |
| 上場株式 | 12,000 | — |
| 借入金 | △2,000 | — |

| 課税価格 | 10,000 | 10,000 |
|---|---|---|
| 相続税 | 1,670 | 1,670 |

5 譲渡税の計算

長男は、A株式及びB株式を平成30年4月に譲渡した。

① A株式　1,400万円 −（900万円 + 139万円※）= 361万円

② B株式　2,500万円 − 2,800万円 = △300万円

　　※　取得費加算額……1,670万円 ×｛1,000万円 ÷（10,000万円 + 2,000万円）｝≒ 139万円

③ 譲渡益　361万円 − 300万円 = 61万円

④ 譲渡税　61万円 × 20.315% ≒ 12.4万円

## コラム　死亡した年に特別徴収された住民税

　源泉徴収を選択した特定口座内の株式等を譲渡した場合の譲渡益や配当等については、所得税と住民税が他の所得と分離して課税され特別徴収されます。

　年の途中で死亡した者は、翌年1月1日に住所を有しないことから本来住民税は課されないはずですが、死亡した年に特別徴収された「道府県民税株式等譲渡所得割」や「道府県民税配当割」は還付されません。

　これは、特別徴収された「道府県民税株式等譲渡所得割」や「道府県民税配当割」相当額の税額控除、充当又は還付については、納税義務者が翌年度に上場株式等の譲渡所得等の申告又は配当所得の申告をした場合に限り適用される制度であり、当年中に死亡された場合には、翌年度の納税義務者に該当しないため、税額控除、充当又は還付の適用を受けることができないからです。

　しかし、特定口座に算入された上場株式等の配当等や特定公社債等の利子等は、年末に上場株式等の譲渡損失や特定公社債等の譲渡損失が生じた場合には、損益通算が行われ源泉徴収税額の過納分が翌年の年初（特定口座を廃止された場合には、特定口座を廃止された日の翌営業日）に還付されます。

　特定口座の廃止は、「特定口座開設者死亡届出書」の提出があり、相続又は遺贈の手続が完了したときに解約されるとされています。

### (4) 取得費を加味して遺産分割を考える

　遺産分割によって上場株式等が相続人名義に変更されるまでの間に、上場株式等の価格は変動します。しかし、相続税の課税は、相続開始日などを基に計算し、その後の価格の変動は考慮されません。

　また、相続した有価証券の銘柄ごとに取得費は異なり、その有価証券を譲渡した場合には、相続人間で税負担の差が生じます。

　それらの事情も考慮した遺産分割を提案する必要がある場合もあり、共同相続人全員に対して相続税の申告を担当する税理士は、説明責任をしっかりと果たすことが求められます。

### 【設例】

1. 被 相 続 人……父（平成29年4月1日死亡）
2. 相 続 人……長男・長女
3. 相 続 財 産
   (1) 土地　6,000万円
   (2) 預貯金　6,000万円
   (3) 上場株式
      ① A株式　20,000株（相続税評価額2,300万円・遺産分割時の時価2,800万円）
      ② B株式　30,000株（相続税評価額2,000万円・遺産分割時の時価1,200万円）
      ③ C株式　10,000株（相続税評価額500万円・遺産分割時の時価同額。取得費300万円）
      ④ D株式　14,000株（相続税評価額800万円・遺産分割時の時価同額。取得費900万円）
4. 遺 産 分 割
   ① ケース1
      長男は土地とA株式及びC株式を相続し、長女は預貯金とB株式及びD株式を相続する。
   ② ケース2
      長男は土地を長女は預貯金を相続し、上場株式は$\frac{1}{2}$ずつ相続することとした。

(単位:万円)

|  | ケース1 | | ケース2 | |
| --- | --- | --- | --- | --- |
|  | 長男 | 長女 | 長男 | 長女 |
| 土　地 | 6,000 | — | 6,000 | — |
| 預貯金 | — | 6,000 | — | 6,000 |
| A株式 | 2,300 | — | 1,150 | 1,150 |
| B株式 | — | 2,000 | 1,000 | 1,000 |
| C株式 | 500 | — | 250 | 250 |
| D株式 | — | 800 | 400 | 400 |
| 課税価格 | 8,800 | 8,800 | 8,800 | 8,800 |

5 判　　　定

　いずれの遺産分割によっても相続税評価額で判定すると均等の相続割合となっています。しかし、ケース1による遺産分割の場合に、長男が相続したA株式については値上りをし、長女が相続したB株式は値下がりしています。また、長男が相続したC株式を譲渡すると譲渡益に対して譲渡税が課されるのに対して、長女が相続したD株式は含み損となっているため譲渡税が課されません。

　以上のように均等に相続したように見えても、有利不利が混在することから、共同相続人間で、できる限り平等に財産を相続しようと考える場合には、ケース2のように上場株式を$\frac{1}{2}$ずつ分割して相続すればそれらの問題は解決されます。（所有株式数によっては、単元未満株式になって均等に遺産分割することができない場合もあります。）

　また、上場株式はいったん長男がすべて相続し、その後に譲渡して譲渡税を控除した残額を基に遺産分割（長男から長女に対して代償金を支払うなど）を行う方法もあります。（この場合、相続税の負担に差異が生じますので、それらも調整する必要があります。）

　相続した上場株式を相続人が譲渡しない場合には、上場株式の相続税

評価額に関わらず、遺産分割を行った日の価格によって遺産分割を決めることも1つの方法です。

　いずれにしても、相続税評価額と遺産分割時の価格の差額は、代償分割の方法によって調整するか、銘柄ごとに相続分応じた株数を相続するような遺産分割が必要となります。

## 12 国外転出時課税

　国外転出時課税制度（「国外転出をする場合の譲渡所得等の特例」及び「贈与等により非居住者に資産が移転した場合の譲渡所得等の特例」の総称として、以下「国外転出時課税制度」といいます。）は、平成27年度税制改正において創設され（平成27年7月1日施行）、次の❶から❸までに掲げる時において、一定の居住者が1億円以上の有価証券や未決済の信用取引などの対象資産を所有等している場合に、次の❶から❸までに掲げる時に対象資産の譲渡又は決済があったものとみなし、対象資産の含み益に対して所得税が課税される制度です。

❶　対象者が国外転出をする時
❷　対象者が国外に居住する親族等（非居住者）へ対象資産の一部又は全部を贈与する時
❸　対象者が亡くなり、相続又は遺贈により国外に居住する相続人又は受遺者が対象資産の一部又は全部を取得する時

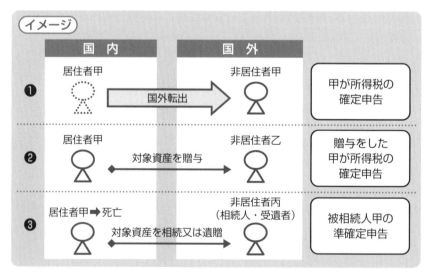

実務で注意が必要な事例は、上記❸（居住者が死亡し、相続人のうちの一人が非居住者の場合）に該当するケースと思われます。例えば、相続の開始があったことを知った日から4か月以内に遺産分割協議がされていない場合（遺言書がある場合を除きます。）は、被相続人の相続財産は相続人の共有財産になることから、相続人のうちに非居住者がいると、その非居住者が法定相続分相当額の有価証券等を相続したものとして、被相続人に対して国外転出時課税制度が適用（準確定申告が必要）されることになります。

　その後、遺産分割協議が調い、非居住者が有価証券等を相続しないこととなった場合、被相続人の準確定申告について、更正の請求をすることができます。次の設例で確認してみます。

【設例】

1. 被 相 続 人……父（平成29年4月死亡）
2. 相 続 人……長男、長女（非居住者）
3. 父 の 財 産……上場株式 2億円（取得費1億円）
4. 遺 産 分 割……相続税の申告期限までに遺産分割協議が調わなかったため、平成30年2月に未分割で相続税の申告をした。平成30年3月に分割協議が調い、長男が上場株式を全部相続することとなった。
5. 父の準確定申告……長女が法定相続分によって相続したものとみされる上場株式の金額に対して、国外転出時課税制度によって所得税の準確定申告を平成29年8月に行った。

    （2億円－1億円）×$\frac{1}{2}$＝5,000万円（所得控除等は考慮しないものとする）

    所得税＝5,000万円×15.315%≒766万円（住民税は課されない）
6. 更 正 の 請 求……遺産分割によって非居住者である長女が上場株式を相続しないこととなったので、遺産分割協議が調った時から4か月以内に更正の請求によって、父の準確定申告によって納付した所得税は還付される。その場合、父の相続財産が増加（未納所得税の減少）することになるため、相続税の修正申告が必要となる。

# 第二章
# 物納制度の概要

この章では、物納要件や上場株式等の物納の具体的な手続などについて解説することとします。

## 1 物納の現状

　国税庁が、毎年公表している「相続税の延納・物納処理状況等」によると延納及び物納の処理状況等は以下のようになっています。

(1) **相続税の延納・物納処理状況等**（平成29年8月　国税庁発表）

| 年度 | 相続税の延納処理状況等 ||||| 年度 | 相続税の物納処理状況等 |||||
|---|---|---|---|---|---|---|---|---|---|---|---|
| | 申請件数 | 申請金額（億円） | 処理（件数） ||| | 申請件数 | 申請金額（億円） | 処理（件数） |||
| | | | 許可 | 取下げ等 | 却下 | | | | 許可 | 取下げ等 | 却下 |
| 元 | 24,179 | 11,097 | 25,443 | 6,497 | 222 | 元 | 515 | 977 | 97 | 238 | 3 |
| 2 | 37,073 | 18,977 | 29,824 | 2,134 | 198 | 2 | 1,238 | 1,333 | 459 | 287 | 1 |
| 3 | 47,360 | 24,214 | 42,206 | 2,564 | 213 | 3 | 3,871 | 5,876 | 532 | 534 | 7 |
| 4 | 35,936 | 12,197 | 33,983 | 2,277 | 308 | 4 | 12,778 | 15,645 | 2,113 | 1,131 | 9 |
| 5 | 33,395 | 12,256 | 34,511 | 2,016 | 191 | 5 | 10,446 | 11,081 | 6,684 | 3,642 | 3 |
| 6 | 26,805 | 9,783 | 28,356 | 1,638 | 237 | 6 | （内）7,268 16,066 | （内）7,545 14,823 | 8,749 | 3,788 | 28 |
| 7 | 19,694 | 6,587 | 20,622 | 1,409 | 263 | 7 | 8,488 | 6,610 | 9,185 | 2,905 | 22 |
| 8 | 15,629 | 5,361 | 15,544 | 1,315 | 220 | 8 | 6,841 | 4,654 | 6,240 | 2,723 | 34 |
| 9 | 13,170 | 4,220 | 12,539 | 1,050 | 198 | 9 | 6,258 | 4,340 | 4,973 | 2,118 | 29 |
| 10 | 11,534 | 3,286 | 10,871 | 861 | 204 | 10 | 7,076 | 4,606 | 4,546 | 1,832 | 20 |
| 15 | 8,333 | 2,404 | 8,196 | 477 | 93 | 15 | 4,775 | 2,321 | 4,545 | 1,687 | 28 |
| 20 | 3,030 | 1,053 | 2,511 | 443 | 75 | 20 | 698 | 564 | 704 | 149 | 27 |
| 25 | 1,304 | 442 | 1,011 | 325 | 37 | 25 | 167 | 79 | 132 | 38 | 29 |
| 26 | 1,144 | 470 | 887 | 253 | 29 | 26 | 120 | 286 | 88 | 25 | 18 |
| 27 | 1,376 | 439 | 959 | 303 | 28 | 27 | 130 | 69 | 69 | 30 | 12 |
| 28 | 1,423 | 524 | 1,060 | 306 | 26 | 28 | 140 | 325 | 114 | 25 | 36 |

※　平成6年度の物納申請件数及び申請金額の内書きは特例物納の計数です。
※　平成10年度以降の処理状況等については、一部割愛してあります。

平成元年から平成28年までの物納申請件数は112,208件、許可件数は79,135件、取下げ等は32,543件、却下は684件となっています。申請件数に対する許可件数の割合は、70.5%となっています。物納許可割合が70%以上であることから、物納が認められにくいとは思えません。ただ、物納手続に多くの労力と相当な時間を要することは否めません。

(2) **物納財産の種類別内訳**

　国税庁の統計資料によると、物納による物件数は土地が大半で、金額ベースで有価証券が多い年度があります。有価証券の場合には、1件当たりの金額が高く、上場株式等がその大半を占めていると思われます。

●物納財産の種類別内訳

(金額単位：百万円)

|  | 土地 | | 建物 | | 有価証券 | | その他 | | 合計 | |
| --- | --- | --- | --- | --- | --- | --- | --- | --- | --- | --- |
|  | 物件数 | 金額 | 物件数 | 金額 | 物件数 | 金額 | 物件数 | 金額 | 物件数 | 金額 |
| 平成24年度 | 456件 | 9,244 | 15件 | 177 | 54件 | 8,712 | 36件 | 150 | 561件 | 18,283 |
| 平成25年度 | 302件 | 5,025 | 4件 | 94 | 3件 | 303 | — | — | 309件 | 5,421 |
| 平成26年度 | 230件 | 4,601 | 4件 | 11 | 7件 | 21,865 | — | — | 241件 | 26,476 |
| 平成27年度 | 109件 | 2,440 | — | — | 13件 | 119 | — | — | 122件 | 2,559 |

## 2 制度の概要

　国税は、金銭で納付することが原則ですが、相続税については、延納によっても金銭で納付することを困難とする事由がある場合には、納税者の申請により、その納付を困難とする金額を限度として一定の相続財産による物納が認められています。

　なお、納期限に相続財産の分割協議が未了である場合や遺留分減殺請求が行われている場合などについては、相続財産の所有権の帰属が確定していない状況にありますので、このような状況にある財産は管理処分不適格な財産に該当することとなり、物納が認められません。

(注) 財産の生前贈与を受けて相続時精算課税又は非上場株式の納税猶予を適用している場合には、それらの適用対象となっている財産は、贈与者の死亡によりその贈与者から受贈者が相続により取得したとみなされることとなっていますが、それらの財産は物納の対象とすることはできません。また、その相続税に附帯する加算税、利子税、延滞税及び連帯納付義務により納付すべき税額等も、物納の対象とはなりません。

　なお、平成29年度の税制改正において、第2順位とされていた社債、株式、証券投資信託又は貸付信託の受益証券のうち、金融商品取引所に上場されているものを不動産等と同じ第1順位とし、さらに、物納財産の範囲に、投資証券等のうち金融商品取引所に上場されているものを加え、これらについても第1順位とすることとされました。

　この改正は、平成29年4月1日以後に物納の許可を申請する場合から適用されます。

原則：金銭納付　→　特例：延納による金銭納付（期間内に金銭で全額を納付することが困難な場合）　→　例外：物納（延納によっても金銭で納付することが困難な場合）

## 3 物納の要件

次に掲げるすべての要件を満たしている場合に、物納の許可を受けることができます。

(1) **延納によっても金銭で納付することを困難とする事由があり、かつ、その納付を困難とする金額を限度としていること**

《物納許可限度額の算定》

物納許可限度額は次のような計算方法により算出しますが、実際の計算に当たっては、物納申請書の別紙「金銭納付を困難とする理由書」に金額等を記入して計算します。

なお、物納申請税額の算定に当たって、延納によっても金銭納付困難な金額を算定する場合には、物納申請書の別紙として「金銭納付を困難とする理由書」を作成し、計算の根拠となった資料等の写しを「金銭納付を困難とする理由書」に添付することとされています。

1 延納することができる金額（延納許可限度額）の計算方法

| ① | 納付すべき相続税額 | |
|---|---|---|
| 現金納付額 | ② | 納期限において有する現金、預貯金その他の換価が容易な財産の価額に相当する金額 |
| | ③ | 申請者及び生計を一にする配偶者その他親族の3か月分の生活費 |
| | ④ | 申請者の事業の継続のために当面（1か月分）必要な運転資金（経費等）の額 |
| | ⑤ | 納期限に金銭で納付することが可能な金額（これを「現金納付額」といいます。）<br>（②－③－④） |
| ⑥ | 延納許可限度額（①－⑤） | |

2 物納することができる金額（物納許可限度額）の計算方法

| | | |
|---|---|---|
| ① | 納付すべき相続税額 | |
| ② | 現金納付額（上記1の⑤） | |
| 延納によって納付することができる金額 | ③ | 年間の収入見込額 |
| | ④ | 申請者及び生計を一にする配偶者その他の親族の年間の生活費 |
| | ⑤ | 申請者の事業の継続のために必要な運転資金（経費等）の額 |
| | ⑥ | 年間の納付資力（③－④－⑤） |
| | ⑦ | おおむね1年以内に見込まれる臨時的な収入 |
| | ⑧ | おおむね1年以内に見込まれる臨時的な支出 |
| | ⑨ | 上記1の③及び④ |
| | ⑩ | 延納によって納付することができる金額<br>{⑥×最長延納年数＋（⑦－⑧＋⑨）} |
| ⑪ | 物納許可限度額（①－②－⑩） | |

(2) **物納に充てることができる財産は、納付すべき相続税額の課税価格計算の基礎となった財産**（生前贈与加算の規定により相続税の課税価格に加算されたものを含み、相続時精算課税による贈与財産、又は非上場株式等についての贈与税の納税猶予の適用を受けている株式等を除きます。）**で、日本国内にあるもののうち、次に掲げる財産**（相続財産により取得した財産(注1)を含みます。）**で、次に掲げる順位**（物納劣後財産を含めた申請の順位は①から⑤の順になります。）**によること**

| 順　位 | 物納に充てることのできる財産の種類 | |
|---|---|---|
| | 平成29年3月31日以前の物納申請 | 平成29年4月1日以後の物納申請 |
| 第1順位<br>（注2）<br>（注3） | ❶　国債、地方債、不動産、船舶 | ❶　不動産、船舶、国債証券、地方債証券、上場株式等（注4）（特別の法律により法人の発行する債券及び出資証券を含み、短期社債等を除く） |

| | | |
|---|---|---|
| | ❷ 不動産のうち物納劣後財産に該当するもの | ❷ 不動産及び上場株式のうち物納劣後財産に該当するもの |
| 第2順位（注3） | ❸ 社債、株式（特別の法律により法人の発行する債券及び出資証券を含む）、証券投資信託又は貸付信託の受益証券 | ❸ 非上場株式等（注5）（特別の法律により法人の発行する債券及び出資証券を含み、短期社債等を除く） |
| | ❹ 株式（特別の法律により法人の発行する債券及び出資証券を含む）のうち、物納劣後財産に該当するもの | ❹ 非上場株式のうち物納劣後財産に該当するもの |
| 第3順位 | ❺ 動産（注6） | ❺ 動産（注6） |

(注1) 相続財産により取得した財産とは、①合併によって取得した株式等、②株式の消却、資本の減少又は出資によって取得したもの、及び③増資によって取得した株式等（旧株式を物納税額に充ててもなお不足額がある場合に限ります。）とされています。

(注2) たな卸資産である不動産も含まれます。

(注3) 特別の法律により法人の発行する債券及び出資証券とは、商工債又は農林債又は長期信用銀行債等の金融債、放送債券、都市基盤整備債権等の政府機関債、日本銀行出資証券をいいます。

(注4) 上場株式等とは、次のものを指します。
　○金融商品取引所に上場されている次の有価証券
　・社債券（特別の法律により法人の発行する債券を含み、短期社債等に係る有価証券を除く）
　・株券（特別の法律により法人の発行する出資証券を含む）
　・証券投資信託の受益証券
　・貸付信託の受益証券
　・新株予約権証券
　・投資信託の受益証券（証券投資信託を除く）
　・投資証券
　・特定目的信託の受益証券
　・受益証券発行信託の受益証券
　○金融商品取引所に上場されていない次の有価証券で、その規約又は約款に投資主又は受益者の請求により投資口の払戻し又は信託契約の一部解約をする旨及び払戻し又は当該一部解約の請求を行うことができる日が1月について1日以上である旨が定められているもの
　・投資法人の投資証券
　・証券投資信託の受益証券

|  | 具体例 |
| --- | --- |
| 上場されている | 社債、転換社債型新株予約権付社債、特殊法人債、特定社債券、株式、優先株式、新株予約権証券、ETF、REIT、JDR、ETN、日銀出資証券、優先出資証券、特定目的信託の受益証券　等 |
| 上場されていない | オープンエンド型の証券投資信託の受益証券<br>オープンエンド型の投資法人が発行する投資証券<br>（注）目論見書又はこれに類する書類で当該解約又は払戻しの請求を行うことができる日が1月につき1日以上であることを明らかにする書類の提出が必要となります。 |

（注5）非上場株式等とは次のものを指します。
　　　○金融商品取引所に上場されていない次の有価証券
　　・社債券（特別の法律により法人の発行する債券を含み、短期社債等に係る有価証券を除く）
　　・株券（特別の法律により法人の発行する出資証券を含む）
　　・証券投資信託の受益証券（第1順位のものを除く）
　　・貸付信託の受益証券

（注6）相続開始前から所有していた特定登録美術品は、上の表の順位によることなく物納に充てることのできる財産とすることができます。この場合、評価価格通知書の写し（文化庁長官に価格評価申請書を提出して入手します。）を提出します。特定登録美術品とは、「美術品の美術館における公開の促進に関する法律」に定める登録美術品のうち、その相続開始前において、すでに同法による登録を受けているものをいいます。

　なお、上場投資証券等（J-REIT※）は、平成29年度税制改正で、第1順位の物納対象財産とすることとされました。

　　※　J-REITは、多くの投資家から集めた資金で、オフィスビルや商業施設、マンションなど複数の不動産などを購入し、その賃貸収入や売買益を投資家に分配する商品です。不動産に投資を行いますが、法律上、投資信託の仲間です。

　物納に充てることができる財産が2種類以上ある場合には、上表の順位で物納に充てることが必要です。しかし、次のような場合には、この順位によらないことができます。

イ．その財産を物納すれば、居住又は営業を継続して、通常の生活を維持するのに支障を生ずるような特別の事情がある場合

ロ．先順位の財産を物納に充てるとすれば、その財産の収納価額がその納付すべき税額を超える場合など、適当な価額の財産がない場合

物納を申請する税額を算定した場合には、その税額の範囲内で、どの財産を物納申請するのかを選定します。

　物納が許可されるためには、申請財産が次の要件を備えていることが必要ですので、財産の状況・権利関係等を十分に踏まえて物納申請をする財産を選定するようにします。

① 　物納申請者が相続により取得した財産で日本国内にあること
② 　管理処分不適格財産でないこと
③ 　物納申請財産の種類及び順位に従っていること
④ 　物納劣後財産に該当する場合は、他に適当な価額の財産がないこと
　　「物納劣後財産」は、他に物納に充てるべき適当な価額の財産がない場合に限り物納に充てることができます。物納申請財産がこの「物納劣後財産」に該当する場合には、物納申請に当たって「物納劣後財産等を物納に充てる理由書」を提出します。
⑤ 　物納に充てる財産の価額は、原則として、物納申請税額を超えないこと

　なお、物納申請財産の収納価額は、原則として、相続税の課税価格計算の基礎となった相続財産の価額（小規模宅地等についての相続税の課税価格の計算の特例などの相続税の課税価格の計算の特例の適用を受けた相続財産を物納する場合の収納価額は、これらの特例適用後の価額）になります。

　ただし、収納の時までに物納財産の状況に相続時と比べて著しい変化があった場合には、収納の時の現況により評価した価額になります。

　これを「収納価額の改訂」※といいます。

※ 　収納価額の改訂を行う「財産の状況について著しい変化のあった場合」とは、有価証券については、株式又は出資証券について増資又は減資が行われた場合、あるいはこれらの発行法人が合併し、株式又は出資証券の交付を受けたとき、などが考えられます。

《収納価額の改訂をする場合の例示》

収納価額の改訂を行う「財産の状況について著しい変化のあった場合」とは、次のような場合をいいます。
① 土地の地目変換があった場合又は荒地となった場合
　(注) 地目変換の判断は、登記事項証明書に記載されている地目ではなく、現況の利用状況で判断します。
② 引き続き居住の用に供する土地又は家屋を物納する場合
③ 所有権以外の物権又は借地権・賃借権の設定、変更又は消滅があった場合
④ 株式又は出資証券について増資又は減資が行われた場合、あるいはこれらの発行法人が合併し、株式又は出資証券の交付を受けた場合
⑤ 上記以外に、その財産の使用、収益又は処分について制限が付けられた場合

## (3) 物納に充てることができる財産は、管理処分不適格財産に該当しないものであること及び物納劣後財産に該当する場合には、他に物納に充てるべき適当な財産がないこと

(注) 自然公園法の国立公園特別保護地区等内の土地（平成23年4月1日から平成26年3月31日までの間に環境大臣と風景地保護協定を締結していることその他一定の要件を満たすものに限ります。）は、物納劣後財産に該当する場合であっても、これを物納劣後財産に該当しないものとみなします。

なお、物納申請した財産が管理処分不適格と判断された場合には、物納申請が却下されますが、その却下された財産に代えて1回に限り、他の財産による物納の再申請を行うことができます。

(注1) 管理処分不適格財産とされる株式等は以下のようなものをいいます。
　・譲渡に関して金融商品取引法その他の法令の規定により一定の手続が定められている株式で、その手続がとられていないもの
　・譲渡制限株式
　・質権その他の担保権の目的となっている株式

・権利の帰属について争いがある株式
　　　・共有に属する株式（共有者全員がその株式について物納の許可を申請する場合を除く）
　　　・暴力団員等によりその事業活動を支配されている株式会社又は暴力団員等を役員（取締役、会計参与、監査役及び執行役をいう）とする株式会社が発行した株式
（注２）物納劣後財産とされる株式とは以下のようなものをいいます。
　　　・事業の休止（一時的な休止を除く）をしている法人に係る株式

　納期限に相続財産の分割協議が未了である場合や遺留分減殺請求が行われているときなどについては、相続財産の所有権の帰属が確定していない状況にありますので、このような状況にある財産は管理処分不適格な財産に該当することとなり、物納が認められません。

## (4) 物納しようとする相続税の納期限又は納付すべき日（物納申請期限）までに、物納申請書に物納手続関係書類を添付して税務署長に提出すること

　物納を選択するときには、相続人が物納申請期限までに物納申請書及び物納手続関係書類を提出期限までに提出することが要件とされています。税務署長は物納申請書が提出された場合、物納の要件に該当するかどうかを調査し、要件に該当しない場合には、物納申請を却下することとしています。

　つまり、「何を物納申請するのか」という物納財産の選択権は、「相続人」にあり、例えば、相続税評価額よりも値上がりした株式はそのまま保有し、値下がりした株式は物納に充てるなどの選択を、相続人がすることができます。

　ただし、相続人に物納申請財産の選択権があるといっても、次のような点に留意して物納申請財産を選択する必要があります。
　イ．課税価格計算の基礎となった財産又はその財産により取得した財産であること

ロ．定められた物納財産の種類及び順位に基づいたものであること
ハ．物納適格財産であること（管理又は処分をするのに不適当な財産でないこと）

① 物納申請書の提出期限及び提出先

　相続税の「物納申請書」及び「物納手続関係書類」は、納期限まで又は納付すべき日※に、被相続人の死亡の時における住所地を所轄する税務署に提出します。

　物納申請書が提出期限に遅れて提出された場合、その物納申請は却下されますので、提出期限に注意が必要です。

※　《物納申請書の提出期限》
① 期限内申告に係る税額を物納申請する場合……………………………申告期限
② 期限後申告又は修正申告に係る税額を物納申請する場合………申告書の提出の日
③ 更正又は決定に係る税額を物納申請する場合……………………更正又は決定の通知が発せられた日の翌日から起算して1か月を経過する日

●物納の申請期限の具体例

|  | 申告書の提出日 | 物納申請期限 |
| --- | --- | --- |
| 相続税の期限内申告 | 平成29年5月31日<br>（申告期限は同年6月5日） | 平成29年6月5日 |
| 相続税の期限後申告 | 平成29年7月10日 | 平成29年7月10日 |
| 相続税の修正申告 | 平成29年10月20日 | 平成29年10月20日 |
| 相続税の更正又は決定 | 平成29年10月30日（更正） | 平成29年11月30日 |

② 物納申請時に提出する書類※

　物納申請書のほか、「金銭納付を困難とする理由書」（説明資料を含みます。）などの申請書別紙及び物納手続関係書類があります。

※　《物納申請時に提出する書類》
① 「物納申請書」
② 「物納財産目録」
③ 「金銭納付を困難とする理由書」（当該理由書の作成に当たり使用した資料の

写しを添付します。)
④ 物納申請財産が物納劣後財産の場合………「物納劣後財産等を物納に充てる理由書」
⑤ 「物納手続関係書類」

　⑤の「物納手続関係書類」が提出できない場合は「物納手続関係書類提出期限延長届出書」の提出が必要です。

　なお、上記①～③については「物納手続関係書類の提出期限の延長」の対象にはなりません。

# 相続税物納申請書

税務署収受印

税務署長殿
平成　年　月　日

(〒　　－　　)

住　所
フリガナ
氏　名　　　　　　　　　㊞

法人番号 □□□□□□□□□□□□□

職業　　　　　　　電話

下記のとおり相続税の物納を申請します。

記

1　物納申請税額

| | | 円 |
|---|---|---|
| ① 相 続 税 額 | | |
| 同上のうち | ②現金で納付する税額 | |
| | ③延納を求めようとする税額 | |
| | ④納税猶予を受ける税額 | |
| | ⑤物納を求めようとする税額（①－（②+③+④）） | |

2　延納によっても金銭で納付することを困難とする理由
（物納ができるのは、延納によっても金銭で納付することが困難な範囲に限ります。）

別紙「金銭納付を困難とする理由書」のとおり。

（作成税理士　事務所所在地　電話番号　署名押印）

3　物納に充てようとする財産

別紙目録のとおり。

4　物納財産の順位によらない場合等の事由

別紙「物納劣後財産等を物納に充てる理由書」のとおり。

※ 該当がない場合は、二重線で抹消してください。

5　その他参考事項

| 右の欄の該当の箇所を○で囲み住所氏名及び年月日を記入してください。 | 被相続人，遺贈者 | (住所) | | | |
|---|---|---|---|---|---|
| | | (氏名) | | | |
| | 相続開始，遺贈年月日 | | 平成　年　月　日 | | |
| | 申告（期限内、期限後、修正）、更正、決定年月日 | | 平成　年　月　日 | | |
| | 納　期　限 | | 平成　年　月　日 | | |
| 納税地の指定を受けた場合のその指定された納税地 | | | | | |
| 物納申請の却下に係る再申請である場合は、当該却下に係る「相続税物納却下通知書」の日付及び番号 | | | 第　　　　号 平成　年　月　日 | | |

㊞

| 税務署 | 郵送等年月日 | 担当者印 |
|---|---|---|
| 整理欄 | 平成　年　月　日 | |

## 4　物納手続関係書類の提出期限

　物納申請書の提出期限までに物納手続関係書類の提出ができない場合には、その提出期限までに「物納手続関係書類提出期限延長届出書」を提出することにより、3か月の範囲内の日を期限として物納手続関係書類の提出期限を延長することができます。
　また、物納手続関係書類の提出期限を延長したものの、延長した期限においてもまだ提出できない場合には、その延長した期限までに再度「物納手続関係書類提出期限延長届出書」を提出することにより、提出期限を再延長することができます。
　「物納手続関係書類提出期限延長届出書」には提出回数の制限はありませんので、3か月の範囲内で期限の延長を順次行うことにより、物納申請期限の翌日から起算して最長で1年間、提出期限を延長することができます。
　なお、物納申請された後、申請者で書類の提出漏れがあることに気付いた場合には、物納申請期限から1か月以内か、税務署長から提出書類について不足している旨の保管通知があった日のいずれか早い日までであれば、「物納手続関係書類提出は期限延長届出書」を提出することにより、当初の物納申請期限に「物納手続関係書類提出期限延長届出書」の提出がされたものとして取り扱われます。

● 物納手続関係書類の提出期限の延長

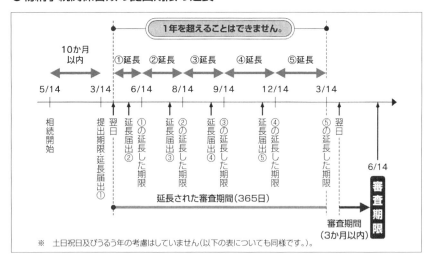

郵便はがき

5 3 0 - 8 7 9 0

4 7 8

料金受取人払郵便

大阪北局
承　認

749

差出有効期間
平成31年4月
9日まで

（切手不要）

大阪市北区天神橋2丁目北2－6
　　　　　　大和南森町ビル

株式会社 清文社 行

ご住所 〒（　　　　　　　　　）

ビル名　　　　　　　　　　（　　階　　　号室）

貴社名

　　　　　　　　　　　部　　　　　　　　課

ふりがな
お名前

電話番号

ご職業

※本カードにご記入の個人情報は小社の商品情報のご案内、またはアンケート等を送付する目的にのみ使用いたします。

# 愛読者カード

ご購読ありがとうございます。今後の出版企画の参考にさせていただきますので、ぜひ皆様のご意見をお聞かせください。

---

■**本書のタイトル**（書名をお書きください）


### 1. 本書をお求めの動機

1. 書店でみて（　　　　　　　　　　）　2. 案内書をみて
3. 新聞広告（　　　　　　　　　　）　4. 雑誌広告（　　　　　　　　）
5. 書籍・新刊紹介（　　　　　　　　）　6. 人にすすめられて
7. その他（　　　　　　　　　　）

### 2. 本書に対するご感想 （内容、装幀など）




### 3. どんな出版をご希望ですか （著者・企画・テーマなど）




◆新刊案内をご不要の場合は下記□欄にチェック印をご記入下さい
　新刊案内不要　　□

◆メール案内ご希望の方は、下記にご記入下さい

E-mail

# 物納手続関係書類提出期限延長届出書

(税務署収受印)

平成　年　月　日

　　税務署長（国税局長）　殿

(〒　　－　　)
(住所)
フリガナ
(氏名)　　　　　　　　　　㊞
法人番号 ｜ ｜ ｜ ｜ ｜ ｜ ｜ ｜ ｜

　平成　年　月　日相続開始に係る物納申請に関して、物納申請書に添付して（延長した提出期限までに）物納手続関係書類を提出することができないため、下記のとおり提出期限を（再）延長します。

記

1　延長する期限

| 物納申請期限　又は<br>前回の延長した提出期限 |
| --- |
| 平成　年　月　日 |

| 延長する期限 |
| --- |
| 平成　年　月　日 |

(注)　1　延長する期限には、物納申請期限（又は前回延長した期限）の翌日から起算して3か月以内の日を記載してください。
　　　2　再延長の届出は何回でも提出できますが、延長できる期間は、物納申請期限の翌日から起算して1年を超えることはできません。
　　　3　物納申請期限の翌日から延長した期限までの期間については、利子税がかかります。

2　提出期限を延長する必要のある書類

| 物納財産の種類、所在場所、銘柄、記号及び番号等 | 提出期限を延長する物納手続関係書類の名称 | 参考事項 |
| --- | --- | --- |
|  |  |  |
|  |  |  |
|  |  |  |
|  |  |  |
|  |  |  |

| 税務署整理欄 | 郵送等年月日 | 担当者印 |
| --- | --- | --- |
|  | 平成　年　月　日 |  |

物納申請が行われた場合には、①物納の許可による納付があったものとされた日までの期間のうち、申請者において必要書類の訂正等又は物納申請財産の収納に当たっての措置を行う期間、②却下等が行われた日までの期間について、利子税がかかります。

**《利子税がかかる期間の具体例》**
① 　物納申請期限までに物納手続関係書類の全部又は一部を提出できないため「物納手続関係書類提出期限延長届出書」を提出した場合の、その延長期限までの期間
② 　提出された物納手続関係書類が一部不足していたとき又は訂正等が必要であったときなどに、税務署長から書類の提出又は訂正を求める補完通知書が送付された場合の、その通知を発した日の翌日から補完期限までの期間
③ 　上記②の期間内に物納手続関係書類の提出又は訂正ができないため「物納手続関係書類補完期限延長届出書」を提出した場合の、その延長期限までの期間
④ 　物納申請された財産について、税務署長から収納のために必要な措置を求める措置通知書が送付された場合の、その通知を発した日の翌日から求められた措置を了した旨を届け出た日までの期間
⑤ 　上記④の措置期限までに求められた措置を完了できないため「収納関係措置期限延長届出書」を提出した場合の、措置を了した旨を届け出た日までの期間
⑥ 　物納許可があった日の翌日から起算して7日を経過する日から納付があったものとされた日（例：名義変更後の株式の引渡し）までの期間
（注）物納申請が却下された場合や物納申請を取り下げたものとみなされた場合にも、納期限又は納付すべき日の翌日から、その却下の日又はみなす取下げの日までの期間について、利子税がかかります。

また、物納の撤回の承認があった場合又は物納許可取消しがあった場合についても、納期限又は納付すべき日の翌日から物納の撤回に係る一時に納付すべき相続税の納付の日（納付があったものとされた日から物納の撤回の承認があった日までの期間を除きます。）又は許可取消しの日まで利子税がかかります。

●平成29年中の利子税・延滞税

|  | 却下・みなす取下げ | | 取下げ※ | |
|---|---|---|---|---|
|  | 申請却下・みなす取下げまでの期間 | 左記の期間経過後 | 納期限の翌日から2か月を経過する日又は取下げの日のうち、いずれか遅い日までの期間 | 左記の期間経過後 |
| 利子税率 | 2.7% | — | — | — |
| 延滞税率 | — | 9.0% | 2.7% | 9.0% |

※　物納申請が行われた場合、申請から許可・却下・取下げ・みなす取下げまでの期間について、原則として、徴収の猶予が行われます。徴収の猶予期間中の延滞税については国税通則法第63条第4項により、納期限の翌日から2月を経過する日後の期間に対応する部分の延滞税について一部免除されますので、結果的に物納申請が却下又はみなす取下げとなった場合の利子税と物納申請を自ら取り下げた場合の延滞税の負担は同じとなります。

## 5　物納の許可までの審査期間

　物納申請が行われた場合には、物納申請書の提出期限の翌日から起算して3か月以内※に許可又は却下を行います（これを「審査期間」といいます。）。ただし、物納申請財産が多数ある場合や積雪などの気象条件により財産の確認ができない場合などには、この審査期間を最長9か月まで延長する場合があります。

※　申請者が書類の提出期限の延長をされている期間や税務署長が書類の提出又は訂正を求めている期間がある場合には、国の審査期間の3か月（〜9か月）に、それらの日数を加算します。

なお、この審査期間を経過しても許可又は却下されない場合には、その物納申請は許可されたものとみなされます。

　申請者においては、物納申請期限までに物納手続関係書類の作成を行い、物納申請書に添付して提出する必要があるほか、提出された書類の訂正等や物納申請財産を収納するために必要な措置の実施についても、定められた期限までに行う必要があります。

　なお、提出された書類の訂正や不足書類があった場合には、補完通知書が送付されます。

① 　補完通知書

　物納申請期限（延長された物納手続関係書類の提出期限を含みます。）までに提出された物納申請書の記載に不備があった場合及び物納手続関係書類に記載内容の不備や不足書類があった場合には、税務署長から、書類の訂正や追加提出をしていただくことを求める通知書（これを「補完通知書」といいます。）が送付されます。

　その補完通知書の内容に従って書類の訂正や不足書類の作成を行います。

② 　書類の訂正又は提出の期限

　訂正等を行った書類の提出期限は、補完通知書を受けた日の翌日から起算して20日以内です。この期限（これを「補完期限」といいます。）までに訂正又は作成した書類を提出します。

　なお、補完通知書を発した日の翌日から補完期限までの期間については、「年7.3％」と「前々年の10月から前年の9月までの各月における銀行の新規の短期貸出約定平均金利の合計を12で除して得た割合として各年の前年の12月15日までに財務大臣が告示する割合に、年1％の割合を加算した割合」のいずれか低い割合の利子税がかかります。（平成29年の場合は年1.7％）

③ 　補完期限の延長

　補完期限までに物納手続関係書類の訂正又は提出ができない場合には、

補完期限までに「物納手続関係書類補完期限延長届出書」(88ページ)を提出することにより、補完期限を延長することができます。

訂正すべき内容や不足する書類の作成状況を踏まえて、いつまで期限を延長する必要があるかを申請者自身で判断し、3か月の範囲内の日を期限とする「物納手続関係書類補完期限延長届出書」を提出します。

また、物納手続関係書類の補完期限を延長したものの、延長した期限においてもまだ提出ができない場合には、その延長した期限までに再度「物納手続関係書類補完期限延長届出書」を提出することにより、補完期限を再延長することができます。

「物納手続関係書類補完期限延長届出書」には提出回数の制限はありませんので、3か月の範囲で期限の延長を順次行うことにより、補完通知書を受けた日の翌日から最長で1年間、補完期限を延長することができます。

なお、この補完期限の延長をする期間についても利子税がかかります。

(注) 最終の補完期限までに書類の訂正又は提出ができなかった場合には、その物納申請は却下されることとなります。

### 物納手続関係書類の補完期限の延長

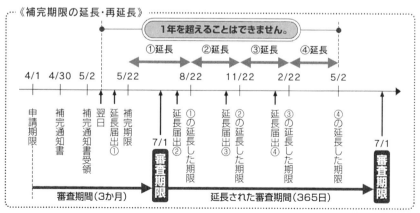

# 物納手続関係書類補完期限延長届出書

[税務署収受印]

平成　年　月　日

　税務署長（国税局長）　殿

（〒　　－　　）
（住所）_____
フリガナ
（氏名）_____㊞
法人番号 □□□□□□□□□□□□□

　平成　　年　　月　　日付「相続税物納申請書及び物納手続関係書類に関する補完通知書」（平成　　年　　月　　日受領）により、訂正又は作成の上、提出が求められている物納手続関係書類については、補完期限までに提出ができないため、下記のとおり補完期限を（再）延長します。

記

1　延長する補完期限

| 補完期限　又は<br>前回の延長した補完期限 | → | 延長する補完期限 |
|---|---|---|
| 平成　　年　　月　　日 | | 平成　　年　　月　　日 |

（注）1　延長する補完期限欄には、「相続税物納申請書及び物納手続関係書類に関する補完通知書を受領した日の翌日から起算して20日を経過する日」（又は前回延長した期限）の翌日から起算して3か月以内の日を記載してください。
　　　2　再延長の届出は何回でも提出できますが、延長できる期間は、補完通知書を受領した日の翌日から起算して1年を超えることはできません。
　　　3　補完通知書を税務署長が発した日の翌日から延長した期限までの期間については、利子税がかかります。

2　補完期限を延長する必要のある書類

| 物納財産の種類、所在場所、銘柄、記号及び番号等 | 補完期限を延長する物納手続関係書類の名称 | 参考事項 |
|---|---|---|
| | | |
| | | |
| | | |
| | | |
| | | |

| 税務署<br>整理欄 | 郵送等年月日 | 担当者印 |
|---|---|---|
| | 平成　年　月　日 | |

### ④　物納申請を取り下げたものとみなす場合

　補完通知書を受けた日の翌日から起算して20日以内に、訂正又は作成した書類が提出されず、かつ、「物納手続関係書類補完期限延長届出書」も提出されない場合には、その物納申請は取り下げたものとみなされます。

　物納申請が取り下げたものとみなされた場合には、その相続税額を直ちに納付しなければなりません。この場合、①（法定）納期限の翌日から取り下げたものとみなされる日までの期間について利子税が、②取り下げたものとみなされる日の翌日から本税の完納の日までの期間については、延滞税がかかります。

(注)　期限後申告、修正申告、更正又は決定に係る納付すべき相続税額について物納申請されていた場合には、法定納期限の翌日から、それぞれの納期限又は納付すべき日までの期間についても延滞税がかかります。

　なお、物納申請から延納申請へ変更できる場合は、金銭納付困難事由がないことにより、物納申請が却下された場合に限られます。物納申請を自ら取り下げて物納から延納へ変更を行うことはできません

# 相続税物納申請（一部）取下げ書

（税務署収受印）

平成　年　月　日

国税局長
税務署長　殿

申請者　（〒　－　）
　　　　（住所）＿＿＿＿＿＿＿＿＿＿＿＿＿

　　　　フリガナ
　　　　（氏名）＿＿＿＿＿＿＿＿＿＿㊞

平成　年　月　日付の相続税の物納申請は、下記のとおり（一部）取り下げます。

記

1　物納取下げ額等

| 物納申請税額 | 物納申請（一部）取下げ税額 | 差引物納申請税額 |
|---|---|---|
| 円 | 円 | 円 |

2　取下げする財産
　　別紙目録のとおり

3　参考事項

| 被相続人<br>又は<br>遺贈者 | (住所) | |
|---|---|---|
| | (氏名) | |
| 右の欄には、該当の年月日を記入してください。 | 相続開始（遺贈）年月日 | 平成　年　月　日 |
| | 申告（期限内、期限後、修正）、更正、決定年月日 | 平成　年　月　日 |
| | 納　期　限 | 平成　年　月　日 |

## 6 物納財産の価額（収納価額）

　物納財産を国が収納するときの価額は、原則として相続税の課税価格計算の基礎となったその財産の価額になります。
　なお、小規模宅地等についての相続税の課税価格の計算の特例の適用を受けた相続財産を物納する場合の収納価額は、特例適用後の価額となります。

## 7 物納の再申請

　物納申請した財産が管理処分不適格と判断された場合には、物納申請が却下されますが、その却下された財産に代えて１回に限り、他の財産による物納の再申請を行うことができます。
　なお、延納により金銭で納付することを困難とする事由がないことを理由として物納申請の却下があった場合には、物納から延納へ変更することができます。

## 8 物納許可

　物納申請の内容が法律の定める要件を満たし、物納申請財産が物納に充てることのできる財産として適当であると判断された場合には、物納が許可されます。
　物納が許可されると「相続税物納許可通知書」が送付されますので、

物納許可税額、許可された物納財産、物納財産の収納価額等を確認してください※。

なお、物納の許可は物納申請財産ごとに行いますので、財産によって許可の日が異なる場合があります。

※ 物納許可限度額を超える価額の財産による物納を許可した場合に、許可に係る相続税額よりも物納許可財産の収納価額が上回ることとなったときには、この差額は金銭により還付されます。

（注）物納許可限度額を超えて物納許可があった場合の次の取扱いにも留意が必要です。
① 相続財産に係る譲渡所得の課税の特例（租税特別措置法第39条）
　相続財産を譲渡した場合の譲渡所得の課税の特例（取得費加算の特例）の計算において、相続税額に乗じる課税価格に占める土地等の価額の算定に当たっては、「許可を受けて物納した土地等（物納許可限度額に相当する部分に限る。）」及び「物納申請中の土地等」が除かれます。
② 物納による譲渡所得等の非課税の取扱い（租税特別措置法第40条の３）
　個人がその財産を相続税法の規定により物納した場合には、物納した土地の価額のうち物納許可限度額に相当する部分の譲渡がなかったものとみなされます。

## 9 条件付許可

汚染物質除去の履行義務などの条件を付されて物納の許可を受けた後に、許可財産に土壌汚染などの瑕疵があることが判明した場合には、汚染の除去などの措置を求められることとなります。

なお、物納許可後５年以内に上記の措置を求められ、その措置ができない場合には、物納許可が取り消されることがあります。

## 10 物納申請財産の所有権移転手続

　物納は、物納申請財産の引渡し、所有権移転登記、その他法令により物納財産の所有権が国に移転したことを第三者に対抗できる要件を満たした時に納付があったものとされます。

　なお、物納許可があった日の翌日から6日以内に上記所有権移転手続を了しない場合は、7日を経過する日から所有権移転手続を了した日までの間、利子税がかかりますので、許可後に名義変更や財産の引渡しなど一定の手続を要する場合は、この期間内に行う必要があります。

※　《物納許可後の手続》
　　物納の許可をするときには、提出期限を定めて所有権移転に必要な書類や名義変更後の有価証券の提出を求めます。
　　なお、提出期限までに必要書類等が提出されない場合には、物納許可を取り消すことがあります。
・株券その他の有価証券………財務大臣名義に変更して税務署に提出
・振替国債、上場株式及び投資信託の受益証券………財務大臣等の口座に振替を行い、書類を提出
　　許可された物納財産は、収納後、国有財産の管理官庁である財務局に引き継ぎます。
　　許可された物納財産が賃貸中の不動産である場合の賃貸料は、所有権移転の登記が完了した日以降、国に納付することになりますので、賃貸料の清算をしておきます。
　　なお、物納許可を受けた後、財務局から賃借人の方への連絡を行いますが、事務手続の都合上、実際に財務局から賃借人の方への連絡には、2か月程度かかります。

## 11 収納済証の交付

物納を許可した財産について、上記10までの手続を了した場合に「物納財産収納済証書」が交付されますので、収納金額等を確認してください。

## 12 利子税の納付

物納申請が行われた場合には、物納の許可による納付があったものとされた日までの期間のうち、申請者において必要書類の訂正等又は物納申請財産の収納に当たっての措置を行う期間について、利子税がかかります。また、物納申請が却下された場合や物納申請を取り下げたものとみなされた場合は、納期限又は納付すべき日の翌日から、その却下の日又はみなす取下げの日までの期間について、利子税がかかります。

なお、自ら物納申請を取り下げた場合は、納期限又は納付すべき日の翌日から延滞税がかかることになります。

(1) **物納却下による延納申請を行った場合の利子税**

この延納申請手続の結果、延納申請が許可された場合には、納期限又は納付すべき日の翌日から延納に係る利子税を計算しますので、物納申請から却下までの期間中は、すべて延納に係る利子税の計算期間の対象となります。

(2) **物納却下による物納再申請を行った場合の利子税**

物納申請を却下された理由が、「物納申請財産が管理処分不適格財産に該当する」又は「物納申請財産は物納劣後財産に該当し、他に適当な価額の財産を有する」の場合には、再度、申請する時点での金銭納付困

難理由を検討し、その金額の範囲内の他の相続財産をもって物納の申請をすることができます。

この手続により再申請された場合は、納期限又は納付すべき日の翌日から再申請の日までの期間は、すべて物納に係る利子税の計算期間となります。

なお、この再申請が却下された場合には、延納申請や物納の再申請はできません。

(3) **却下された税額を納付する場合**

納付書は却下通知書に同封されています。納期限又は納付すべき日の翌日から却下の日までは利子税、却下の日の翌日から本税を完納する日までの期間は延滞税がかかりますので、本税と併せて納付してください。

## 13 物納却下

物納申請の内容が法律の定める要件を満たしていない場合、物納申請財産が物納に充てることのできる財産として不適格であると判断された場合、物納手続関係書類が期限までに提出（又は訂正）されない場合及び措置事項を期限までに完了できない場合などには、物納申請が却下されます。

(1) **物納却下通知書の受領**

物納申請が却下されると「相続税物納却下通知書」が送付されますので、物納申請却下税額、却下された物納財産及び却下された理由等を確認します。

なお、却下の内容に不服がある場合には、この「相続税物納却下通知書」を受けた日の翌日から3か月以内に税務署長（国税局長が却下をした場合は、国税局長）に対して「再調査の請求」をすることができます。

また、この再調査の請求を経ずに、直接国税不服審判所長に対して「審査請求」をすることもできます。

(2) **却下された相続税額の納付方法の選定**

物納申請が却下された相続税額については、却下理由を踏まえ、物納申請していない相続財産の状況及び納付資力等を勘案して、以後の納付方法を速やかに選定※する必要があります。

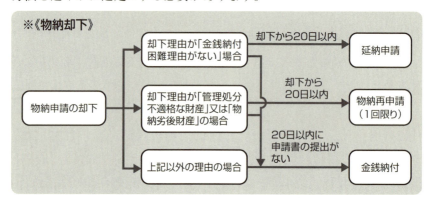

(3) **延納申請への変更**

物納申請を却下された理由が、延納によっても金銭で納付することを困難とする事由がないと判断されたものであるとき又は物納申請税額が延納によっても金銭で納付することが困難な金額より多いと判断されたものであるときには、「相続税物納却下通知書」を受領した日の翌日から起算して20日以内※に「相続税延納申請書」を提出することにより、物納が却下された相続税額について、延納の申請をすることができます。

※ 「相続税物納却下通知書」を受領した日の翌日から起算して20日以内に、物納の許可の申請に係る手続を行う者が死亡した場合又は不服申立て等を提起した場合には、延納申請の変更期限である20日に、手続を行う者が死亡した日の翌日から同日以後10か月を経過する日までの期間又は相続税物納却下処分があった日の翌日から不服申立て等についての決定等が確定する日までの期間が加算されます。

(4) **物納の再申請**

物納申請を却下された理由が、物納申請財産が管理処分不適格財産に

該当すると判断されたもの又は物納劣後財産に該当するもので他に適当な価額の財産があると判断されたものであるときには、却下通知書を受領した日の翌日から20日以内に、他の財産により「相続税物納申請書」を提出することにより、物納の再申請をすることができます。

なお、物納申請が却下されたことによる再申請は、却下された財産ごとに1回に限り行うことができます。

### (5) 上記(3)、(4)以外の場合

物納申請が却下された理由が上記(3)、(4)以外の場合には、却下された相続税は速やかに納付する必要があります。この納付すべき相続税には、①（法定）納期限の翌日から却下の日までの期間について利子税が、②却下の日の翌日から本税の完納の日までの期間については延滞税がかかります。

(注) 期限後申告、修正申告、更正又は決定に係る納付すべき相続税額について物納申請されていた場合には、法定納期限の翌日から、それぞれの納期限又は納付すべき日までの期間についても延滞税がかかります。

## 14 特定物納制度（延納から物納への変更）

相続税の延納の許可を受けた納税者が、その後の資力の変化等により、延納条件の変更を行ったとしても延納を継続することが困難となった場合には、その納付を困難とする金額を限度として、その相続税の申告期限から10年以内の申請により、延納から物納に変更することができます。これを特定物納といいます。

なお、分納期限が到来している分納税額のほか、加算税、利子税、延滞税及び連帯納付義務により納付すべき税額は、特定物納の対象にはなりません。

(注) 上記については、平成18年4月1日以後の相続開始により財産を取得した場合に適用されます。

### (1) 適用要件

① 延納条件の変更を行っても、延納を継続することが困難な金額の範囲内であること

② 物納申請財産が定められた種類の財産で申請順位によっていること

③ 申請書及び物納手続関係書類を申告期限（法定納期限）から10年以内に提出すること

④ 物納申請財産が物納に充てることができる財産であること

### (2) 特定物納申請税額の算定

特定物納は、相続税の申告期限から10年以内の申請により、延納によって納付を継続することが困難な金額の範囲内で認められるものですから、この納付が困難な金額の範囲内となるよう物納申請税額を算定※することが必要です。

特定物納申請税額の算定に当たって、特定物納申請書の別紙「金銭納

付を困難とする理由書」を作成します。

※ 《特定物納申請税額の算定》
特定物納の申請ができる税額は次のとおりです（利子税・延滞税については、特定物納申請をすることができません。

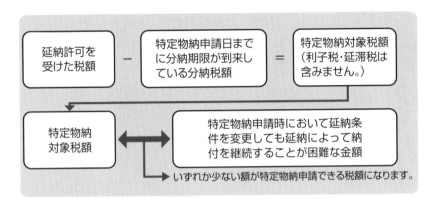

(3) **特定物納申請財産の選定**

特定物納申請財産は、一般の物納申請の場合に準じて選定してください。

なお、課税価格の計算の特例を受けている財産（租税特別措置法第69条の４、第69条の５）は特定物納財産とすることはできません。

(4) **特定物納申請財産の収納価額**

特定物納申請財産の収納価額は、特定物納申請書を提出した時の価額になります。

この申請の時の価額は、特定物納申請財産について、特定物納申請書が提出された時の財産の状況により、財産評価基本通達を適用して求めた価額をいいます。

なお、一般的な物納と同様に、収納の時までに物納財産の状況が特定物納申請時と比べて著しい変化があった場合には、収納時の現況により評価した価額になります。

### (5) 物納手続関係書類の作成

物納手続関係書類は、一般の物納申請の場合に準じて書類の作成をしてください。

なお、特定物納に係る「物納手続関係書類」の提出期限は延長することができません。物納手続関係書類は特定物納申請書を提出するまでに作成する必要があります。

### (6) 特定物納許可・却下又は取下げがあった場合

特定物納の許可された財産については、物納の撤回はできません。

特定物納申請により延納から物納への変更を申請した延納税額については、特定物納申請中においても当初の延納が継続しており、特定物納申請中に到来する分納期限が順次延長されているものとして取り扱われます。

したがって、特定物納の却下等があった場合は、却下等の日までに到来していた分納期限がこの却下等の日の1か月後まで延長され、以後の分納税額は当初の延納条件に基づいて納付することになります。

なお、特定物納が申請された場合も当初の延納は継続しているものとして取り扱われますので、特定物納の許可等があった場合には、その特定物納申請中の期間についても、当初の延納条件に基づく利子税を納付する必要があります。

収受印

税務署長 殿

# 相 続 税 特 定 物 納 申 請 書

(〒 － )
(住所)

(フリガナ)
(氏名) ㊞

法人番号

(職業) (電話)

平成 年 月 日付第 号で許可された相続税の延納について、下記のとおり特定物納を申請します。

記

1 特定物納対象税額等

| ① 特定物納対象税額 | ② 特定物納申請税額 (特定物納の許可を求めようとする税額) | ③ 特定物納申請後の分納税額 (①－②) |
|---|---|---|
| 円 | 円 | 円 |

2 特定物納対象税額等の内訳

| 分納期間 | ① 特定物納対象税額 不動産等に係る延納相続税額 | ① 動産等に係る延納相続税額 | ① 計 | ② 特定物納申請税額 不動産等に係る延納相続税額 | ② 動産等に係る延納相続税額 | ② 計 | ③ 特定物納申請後の分納税額 不動産等に係る延納相続税額 | ③ 動産等に係る延納相続税額 | ③ 計 | 分納期限 | 分納期間 |
|---|---|---|---|---|---|---|---|---|---|---|---|
| 第1回 | 円 | 円 | 円 | 円 | 円 | 円 | 円 | 円 | 円 | 平成 年 月 日 | 第1回 |
| 第2回 | | | | | | | | | | 平成 年 月 日 | 第2回 |
| 第3回 | | | | | | | | | | 平成 年 月 日 | 第3回 |
| 第4回 | | | | | | | | | | 平成 年 月 日 | 第4回 |
| 第5回 | | | | | | | | | | 平成 年 月 日 | 第5回 |
| 第6回 | | | | | | | | | | 平成 年 月 日 | 第6回 |
| 第7回 | | | | | | | | | | 平成 年 月 日 | 第7回 |
| 第8回 | | | | | | | | | | 平成 年 月 日 | 第8回 |
| 第9回 | | | | | | | | | | 平成 年 月 日 | 第9回 |
| 第10回 | | | | | | | | | | 平成 年 月 日 | 第10回 |
| 第11回 | | | | | | | | | | 平成 年 月 日 | 第11回 |
| 第12回 | | | | | | | | | | 平成 年 月 日 | 第12回 |
| 第13回 | | | | | | | | | | 平成 年 月 日 | 第13回 |
| 第14回 | | | | | | | | | | 平成 年 月 日 | 第14回 |
| 第15回 | | | | | | | | | | 平成 年 月 日 | 第15回 |
| 第16回 | | | | | | | | | | 平成 年 月 日 | 第16回 |
| 第17回 | | | | | | | | | | 平成 年 月 日 | 第17回 |
| 第18回 | | | | | | | | | | 平成 年 月 日 | 第18回 |
| 第19回 | | | | | | | | | | 平成 年 月 日 | 第19回 |
| 第20回 | | | | | | | | | | 平成 年 月 日 | 第20回 |
| 計 | | | (1①の金額) | | | (1②の金額) | | | (1③の金額) | | |

(作成税理士 事務所所在地 (電話番号) 署名押印 ㊞)

3 変更された条件による延納によっても金銭で納付することを困難とする事由
別紙「金銭納付を困難とする理由書」のとおり

4 特定物納申請財産
別紙「物納財産目録」のとおり

5 その他参考事項

| 右の欄の該当の箇所を○で囲み、住所、氏名、年月日等を記載してください | 被相続人・遺贈者 | (住所) | 相続開始(遺贈)年月日 | 平成 年 月 日 |
|---|---|---|---|---|
| | | (氏名) | 申告期限 | 平成 年 月 日 |
| | 申告( 期限内 期限後 修正 )、更正、決定 年月日 | | | 平成 年 月 日 |

| 税務署整理欄 | 郵送等年月日 | 担当者印 |
|---|---|---|
| | 平成 年 月 日 | |

※ 記載要領は、裏面を御覧ください。

## 「相続税特定物納申請書」の記載要領

1 「1　特定物納対象税額等」欄
  (1) 「①特定物納対象税額」欄
     延納税額（利子税、延滞税を除きます。）から特定物納申請日までに納期限が到来している分納税額を控除した額を記載してください。
  (2) 「②特定物納申請税額」欄
     特定物納対象税額のうち、特定物納の許可を求めようとする税額を記載してください。
     なお、金銭で納付することを困難とする金額を限度とします。
  (3) 「③特定物納申請後の分納税額（①－②）」欄
     「①特定物納対象税額」から「②特定物納申請税額」を控除した金額を記載してください。

2 「2　特定物納対象税額等の内訳」欄
  (1) 「1特定物納対象税額等」欄の「①特定物納対象税額」欄、「②特定物納申請税額」欄及び「特定物納申請後の分納税額（①－②）」欄のそれぞれについて、「不動産等に係る延納相続税額」及び「動産等に係る延納相続税額」を記載してください。
  (2) 「②特定物納申請税額」欄の各回の分納税額に1,000円未満の端数が生ずる場合には、その端数金額は申請する初回の分納税額に含めて記載してください。
  (3) 「分納期限」欄は、当初の延納許可に係る分納期限（延納条件の変更により、分納期限が延長されている場合は延長後の分納期限）を記載してください。

3 「変更された条件による延納によっても金銭で納付することを困難とする事由」
   特定物納申請書の提出に際して、特定物納許可限度額の計算に当たっては、「金銭納付を困難とする理由書」（108ページ）の様式及び記載要項を次のとおり読み替えてご使用ください。

| | | |
|---|---|---|
| 納付すべき相続税額 | ⇒ | 特定物納対象税額 |
| 納期限（又は納付すべき日） | ⇒ | 特定物納申請の日 |
| 延納年数（最長20年） | ⇒ | 残延納年数 |
| 納税者固有の現金・預貯金等 | ⇒ | 特定物納申請日における現金・預貯金等 |

　計算に当たっては、様式中の「2（1）相続した現金・預貯金等」欄の記載を省略し、「2（2）納税者固有の預金・預貯金等」欄において、相続財産・固有財産を合わせた申請時現在の状況を記載してください。
　また、適宜の様式により、延納条件を変更しても延納を継続することが困難な状況を説明してください。

| 項　目 | 物　納　制　度 | 特　定　物　納　制　度 |
|---|---|---|
| 申請期限 | 物納申請に係る相続税の納期限又は納付すべき日まで | 相続税の申告期限から10年以内 |
| 申請税額の範囲 | 延納によっても納付することが困難な金額の範囲内 | 申請時に分納期限の到来していない延納税額のうち、延納条件を変更しても延納によって納付を継続することが困難な金額の範囲内 |
| 物納に充てることができない財産 | 管理処分不適格財産 | 管理処分不適格財産及び課税価格計算の特例を受けている財産 |
| 収納価額（原則） | 課税価格計算の基礎となった財産の価額 | 特定物納申請の時の価額（特定物納申請時の財産の状況により財産評価基本通達を適用して求めた価額） |
| 物納手続関係書類の提出期限 | 申請書と同時に提出。届出することにより提出期限の延長ができる。 | 申請書と同時に提出。提出期限の延長をすることはできない。 |
| 申請書又は関係書類の訂正等の期限（補完期限） | 補完通知書を受けた日の翌日から起算して20日以内までに届出することにより、期限の延長ができる。 | 補完通知書を受けた日の翌日から起算して20日以内で、期限の延長はできない。 |
| 収納に必要な措置の期限（措置期限） | 措置通知書に記載された期限までに届出することにより、期限の延長ができる。 | 措置通知書に記載された期限までに届出することにより、期限の延長ができる。 |
| 物納却下の場合 | 却下された理由によって、延納申請又は物納再申請ができる場合がある。 | 延納中の状態に戻る。却下された日、みなす取下げの日及び自ら取下げをした日までに、納期限が到来した分納税額については、それぞれの日の翌日から1か月以内に利子税を含めて納付する。 |
| みなす取下げの場合 | みなす取下げされた相続税及び利子税を直ちに納付する必要がある。 | |
| 取下げの場合 | 自ら取下げはできるが、相続税及び延滞税を直ちに納付する必要がある。 | |

| 物納の撤回 | 一定の財産について物納の許可を受けた後1年以内に限りできる。 | できない。 |
|---|---|---|
| 利子税の納付 | 物納申請から納付があったものとみなされる期間（審査期間を除く）について、利子税を納付する。 | 当初の延納条件による利子税を納付する。 |

(出典：相続税の物納の手引 ～手続編～ 国税庁)

## 15 不服申立ての制度

税務署長又は国税局長（これを「税務署長等」といいます。）の処分に対して不服がある場合には、処分の取消しなどを求める申立てができます。

これを「不服申立て」といい、不服申立てには、「再調査の請求」と「審査請求」があります。

### (1) 不服申立てができる処分の通知書（例示）

① 物納申請書及び物納手続関係書類に関する補完通知書
② 物納申請財産に関する措置通知書
③ 申請どおり許可されない物納許可通知書
　　例：収納価額の改訂をした財産の物納許可通知書
　　　　条件を付す必要がある財産の物納許可通知書
④ 物納却下通知書
⑤ 物納許可取消通知書
⑥ 相続税の物納申請に係る審査期間の延長通知書

### (2) 再調査の請求

税務署長等の処分に不服があるときは、処分の通知を受けた日の翌日から3か月以内に、税務署長等に「再調査の請求」をすることができま

す。また、この再調査の請求を経ずに、直接国税不服審判所長に対して「審査請求」を行うこともできます。

　税務署長等は、その処分が正しかったかどうか、改めて見直しを行い、その結果（再調査決定）を申請者に通知します。

(注) 定められた期間内に処分内容の履行又は不服申立てがされない場合、物納申請又は物納の撤回の申請が取り下げられたものとみなされる場合があります。

### (3) 審査請求

　審査請求は、再調査の請求を経ずに直接行うことも、再調査の請求を行った後、その決定後の処分になお不服があるときにも行うことができます。なお、直接審査請求を行う場合には、処分の通知を受けた日の翌日から3か月以内に、税務署長に対する再調査の請求を経てから行う場合には、再調査決定書により通知された日の翌日から1か月以内に、それぞれ審査請求書を国税不服審判所長に提出する必要があります（処分をした税務署長を経由して行うこともできます。）。

　国税不服審判所長は、申請者の不服の内容について審査し、その結果（裁決）を通知します。

### (4) 裁決に不服がある場合

　国税不服審判所長の裁決を受けた後、なお処分に不服がある場合には、その通知を受けた日の翌日から6か月以内に裁判所に「訴訟」を提起することができます。

## 16 金銭納付困難事由の判定

　相続税は、金銭による一括納付が原則です。しかし、期限内に金銭で全額納付することが困難な場合には、その困難な金額を限度として、一定の要件の下で、一定の年数の年賦による分割納付を行うこと（延納）ができます。

　延納によっても金銭で納付することが困難な場合は、その困難な金額を限度として、一定の要件の下で、相続財産による納付を行うこと（物納）ができます。

　そのため、物納を申請しようと考える場合には、延納によっても金銭で納付することが困難な金額を算定しなければなりません。

### ⑴　金銭で納付することが困難な金額の判定

　金銭で納付することが困難な金額（物納許可限度額）は、「金銭納付を困難とする理由書」に金額等を記載して計算します。具体的には、以下のような方法で算出します。

## ●金銭納付を困難とする理由書の様式

**金銭納付を困難とする理由書**
(相続税延納・物納申請用)

平成　年　月　日

税務署長　殿

住　所 ＿＿＿＿＿＿＿＿＿＿

氏　名 ＿＿＿＿＿＿＿＿㊞

平成　年　月　日付相続（被相続人　　　　　）に係る相続税の納付については、納期限までに一時に納付することが困難であり、延納によっても金銭で納付することが困難であり、その納付困難な金額は次の表の計算のとおりであることを申し出ます。

| | | | | |
|---|---|---|---|---|
| 1 | 納付すべき相続税額（相続税申告書第1表⑰の金額） | | A | 円 |
| 2 | 納期限（又は納付すべき日）までに納付することができる金額 | | B | 円 |
| 3 | 延納許可限度額 | 【A-B】 | C | 円 |
| 4 | 延納によって納付することができる金額 | | D | 円 |
| 5 | 物納許可限度額 | 【C-D】 | E | 円 |

| 2 納期限（又は納付すべき日）までに納付することができる金額の計算 | (1) 相続した現金・預貯金等 | | (イ+ロ-ハ) | 【　　　円】 | |
|---|---|---|---|---|---|
| | | イ | 現金・預貯金（相続税申告書第15表㉜の金額） | (　　円) | |
| | | ロ | 換価の容易な財産（相続税申告書11表・第15表㉜等の金額） | (　　円) | |
| | | ハ | 支払費用等 | (　　円) | |
| | | | 内訳　相続債務（相続税申告書第15表㉝の金額） | [　　円] | |
| | | | 葬式費用（相続税申告書第15表⑨の金額） | [　　円] | |
| | | | その他（支払内容：　　　） | [　　円] | |
| | | | （支払内容：　　　） | [　　円] | |
| | (2) 納税者固有の現金・預貯金等 | | (イ+ロ+ハ) | 【　　　円】 | |
| | | イ | 現金 | (　　円) | ←裏面①の金額 |
| | | ロ | 預貯金 | (　　円) | ←裏面②の金額 |
| | | ハ | 換価の容易な財産 | (　　円) | ←裏面③の金額 |
| | (3) 生活費及び事業経費 | | (イ+ロ) | 【　　　円】 | |
| | | イ | 当面の生活費（3月分）うち申請者が負担する額 | (　　円) | ←裏面⑩の金額×3/12 |
| | | ロ | 当面の事業経費 | (　　円) | ←裏面⑭の金額×1/12 |
| | | | Bへ記載する | 【(1)+(2)-(3)】 | B 【　　円】 |

| 4 延納によって納付することができる金額の計算 | (1) 経常収支による納税資金 (イ×延納年数(最長20年))+ロ | | 【　　　円】 | |
|---|---|---|---|---|
| | | イ | 裏面④-（裏面⑪+裏面⑭） | (　　円) | |
| | | ロ | 上記2(3)の金額 | (　　円) | |
| | (2) 臨時的収入 | | 【　　　円】 | ←裏面⑮の金額 |
| | (3) 臨時的支出 | | 【　　　円】 | ←裏面⑯の金額 |
| | | | Dへ記載する | 【(1)+(2)-(3)】 | D 　　円 |

添付資料
- □ 前年の確定申告書(写)・収支内訳書(写)
- □ 前年の源泉徴収票(写)
- □ その他（　　　　　　　　　　　　　　　　　）

(裏面)

1　納税者固有の現金・預貯金その他換価の容易な財産

| 手持ちの現金の額 | | | | | ① | 円 |
|---|---|---|---|---|---|---|
| 預貯金の額 | ／（　　　円） | | ／（　　　円） | | ② | 円 |
| | ／（　　　円） | | ／（　　　円） | | | |
| 換価の容易な財産 | （　　　円） | | （　　　円） | | ③ | 円 |
| | （　　　円） | | （　　　円） | | | |

2　生活費の計算

| 給与所得者等：前年の給与の支給額<br>事業所得者等：前年の収入金額 | ④ | 円 |
|---|---|---|
| 申請者　　　　　　　　　100,000 円　×　12 | ⑤ | 1,200,000 円 |
| 配偶者その他の親族　（　　人）×45,000 円　×　12 | ⑥ | 円 |
| 給与所得者：源泉所得税、地方税、社会保険料（前年の支払額）<br>事業所得者：前年の所得税、地方税、社会保険料の金額 | ⑦ | 円 |
| 生活費の検討に当たって加味すべき金額<br>　［加味した内容の説明・計算等　　　　　　　　　　　　　　］ | ⑧ | 円 |
| 生活費（1年分）の額　　（⑤+⑥+⑦+⑧） | ⑨ | 円 |

3　配偶者その他の親族の収入

| 氏名 | （続柄　　　） | 前年の収入　（　　　　　円） | ⑩ | 円 |
|---|---|---|---|---|
| 氏名 | （続柄　　　） | 前年の収入　（　　　　　円） | | |
| 申請者が負担する生活費の額　⑨×（④／（④+⑩）） | | | ⑪ | 円 |

4　事業経費の計算

| 前年の事業経費（収支内訳書等より）の金額 | ⑫ | 円 |
|---|---|---|
| 経済情勢等を踏まえた変動等の調整金額<br>　［調整した内容の説明・計算等　　　　　　　　　　　　　　］ | ⑬ | 円 |
| 事業経費（1年分）の額　　（⑫+⑬） | ⑭ | 円 |

5　概ね1年以内に見込まれる臨時的な収入・支出の額

| 臨時的収入 | | 年　月頃（　　　　円） | ⑮ | 円 |
|---|---|---|---|---|
| | | 年　月頃（　　　　円） | | |
| 臨時的支出 | | 年　月頃（　　　　円） | ⑯ | 円 |
| | | 年　月頃（　　　　円） | | |

## 「金銭納付を困難とする理由書(相続税延納・物納申請用)」の記載要領について

### 1 「1 納付すべき相続税額」欄(Aの金額)

申請者の相続税申告書第1表㉗の納付すべき相続税の額(修正申告の場合は㊅修正する額)欄の金額を記載してください。

なお、更正又は決定により納付すべきこととなった相続税については、更正通知書又は決定通知書の「納付すべき本税の額(納税猶予控除後の納付すべき本税の額)」欄の金額を記載してください。

※ 雇用確保要件を満たせなかった場合における非上場株式等納税猶予額に係る延納申請の場合は、非上場株式等納税猶予に係る相続税額(利子税の額は含みません。)を記載してください。

### 2 「2 納期限(又は納付すべき日)までに納付することができる金額」欄(Bの金額)

表「2 納期限(又は納付すべき日)までに納付することができる金額の計算」において算出された金額(B)を記載してください。

(1) 「(1) 相続した現金・預貯金等」欄

相続又は遺贈により取得した次のものを記載してください。なお、計算の結果、赤字になった場合には、金額頭部に△印を付けてください。

「イ 現金及び預貯金」………相続税申告書第15表㉑の金額を記載してください。

「ロ 換価の容易な財産」………相続税申告書第11表又は第15表より次に該当する財産の価額を記載してください。

- 評価が容易であり、かつ、市場性のある財産で速やかに売却等の処分をすることができるもの
- 納期限又は納付すべき日において確実に取り立てることができると認められる債権
- 積立金・保険等の金融資産で容易に契約が解除でき、かつ、解約等による負担が少ないもの

(例) ○その他の有価証券等
　　　　出資証券、抵当証券、倉庫証券、貨物引換証、船荷証券、商品券等
　　○預貯金以外の債権で確実な取立てが可能と認められるもの
　　　　退職金、貸付金・未収金等
　　○ゴルフ会員権等の権利で取引市場が形成されているもの
　　○養老保険、財産形成貯蓄、生命保険などで解約等による負担が少ないもの
※　相続税法第41条第2項第1号～4号に掲げる財産は除きます。

「ハ　支払費用等」
① 「相続債務」欄及び「葬式費用」欄には、相続税申告書第15表の㉝欄及び㉞欄の金額を記載してください。
② 「その他」欄には、相続した現金・預貯金から支払った上記①以外の金額を記載し、その内容を簡記してください。

(2) 「(2)　納税者固有の現金・預貯金等」欄
　裏面1①～③に記載した上で、表面の該当欄に金額を転記してください。
　① 手持ちの現金の額
　　申請者の固有財産に係る納期限(納付すべき日)における手持ちの現金の額を記載してください。
　② 預貯金の額
　　申請者の固有財産に係る預貯金について、主な取引金融機関名を記載の上、納期限(納付すべき日)における残額を記載してください。
　(注)定期預金等払出期日が納期限(納付すべき日)に到来していないものについても、納付困難金額の計算に当たってはその日現在の残額を記載してください。
　③ 換価の容易な財産
　　申請者の固有財産に係る換価の容易な財産の種類及び納期限(納付すべき日)における時価見込み額を記載してください。
　(注)財産の例示は上記(1)「ロ　換価の容易な財産」をご覧ください。

⑶ 「⑶　生活費及び事業経費」欄
　裏面2～4に記載し、表の該当欄に金額を転記してください。
　イ　当面の生活費（3月分）うち申請者が負担する額の計算
　　○裏面2「生活費の計算」
　「国税徴収法第76条第1号から第4号までの規定による金額相当額の合計額」に「生活費の検討に当たって加味すべき金額」を加えた額によります。
　　申請者が給与所得者でない場合は、事業等に係る収入金額等を給与等とみなして計算してください。
《国税徴収法第76条第1号から第4号までの規定による金額相当額の合計額》
　・申請者　100,000円×12月
　・配偶者その他の親族　45,000円×12月×人数
　・前年の所得税額又は源泉所得税額
　・前年の地方税の額
　・前年の社会保険料等
　前年の源泉徴収票又は確定申告書・収支内訳書等に基づき金額を裏面2⑤～⑦に記載してください。なお、確定申告書等の写しを参考資料として添付してください。
《生活費の検討に当たって加味すべき金額》
　治療費、養育費、教育費の支払額（過去の支払い実績等を踏まえた金額による）のほか、住宅ローンなどの経常的な支払い、その他申請者等の資力・職業・社会的地位・その他の事情を勘案して社会通念上適当と認められる範囲の金額を裏面2⑧欄に記載してください。
　なお、当該項目については内容説明及び金額の算出根拠等を簡記し、その資料の写しを添付してください。
　　※　税務署長は金銭納付を困難とする事由の判定に当たって必要があると認めるときは、当該項目に関する説明資料等の追加提出を求めることがあります。
　○申請者が負担すべき額の検討
　　上記で求めた生活費のうち、申請者が負担すべき額は、原則として次により計算される額になります。この場合は、計算した金額を裏面3⑪欄に記載の上、適宜の用紙に金額の算出根拠を記載するとともに、

その資料の写しを添付してください。

① 一定の収入のある親族については、自己の生活費は自ら負担すべきものとして上記で求めた生活費から差し引いてください。一定の収入がある親族とは、収入があることにより申請者又は配偶者の扶養控除の対象とならない親族をいいます。
② 配偶者に収入がある場合は、申請者と配偶者は生活費をその収入の割合に応じて負担するものとして計算してください。
③ 申請者又は配偶者の扶養控除の対象となっている親族に係る生活費は、申請者と配偶者がそれぞれ収入金額に応じて負担額を按分してください。

なお、この計算に当たっては、次により申請者が負担すべき生活費の額を簡便に求めて差し支えないものとして取り扱うことにしています。この場合は裏面3「配偶者その他の親族の収入」欄に金額を記載の上、計算した金額を裏面⑪欄に記載してください。

○当面の生活費（3月分）うち申請者が負担する額
　上記により求めた年間の生活費の額（裏面⑪）に3/12を乗じた額を表面に転記してください。

ロ　当面の事業経費の計算
○裏面4「事業経費の計算」
《前年の事業経費の金額》
　事業費の計算に当たっては前年の実績によるものとし、前年の確定申告書・収支内訳書等に基づいて求めた年間の事業に要する経費の中から、臨時的な支出項目及び減価償却費を除いた額を裏面4⑫欄に記載してください。

《経済情勢等を踏まえた変動等の調整金額》
　事業の売上げ等の動向に季節的な変動があるもの、その他経済情勢等（最近の事業の実績に変動がある場合には、その実績を踏まえて算出した額等）を加味して、事業経費の額に調整を行っても差し支えありません。この場合は裏面4⑬欄に金額を記載し、調整した内容の説明及び金額の算定根拠等についても記載し、その資料の写しを提出してください。
　※　上記で求めた年間の事業経費の額を裏面4⑭欄に記載してください。

○当面の事業経費の計算
　当面の事業経費（事業の継続のために当面必要な運転資金の額）の計算に当たっては、事業の内容に応じた事業資金の循環期間の中で事業経費の支払や手形等の決済のための資金繰りが最も窮屈になる日のために留保を必要とする資金の額として、納期限又は納付すべき日の翌日から資金繰りの最も窮屈になると見込まれる日までの期間の総支出見込金額から総収入見込金額を差し引いた額（前年同時期の事業の実績を踏まえて推計した額による。）により計算してください。
　この計算に当たっては、前年の確定申告書・収支内訳書を参考にするなどして日々の収支の概要を適宜の用紙にまとめ、表の該当欄に金額を記載してください。
　なお、簡便な方法として、前年の確定申告書・収支内訳書等に基づいて求めた年間の事業に要する経費の中から、臨時的な支出項目及び減価償却費を除いた額（最近の事業の実績に変動がある場合には、その実績を踏まえて算出した額を加味した額）（裏面4⑭欄の金額）に1/12（商品の回転期間が長期にわたること等の場合は事業の実態に応じた月数/12月）を乗じた額を用いて差し支えありません。

3　「3　延納許可限度額」欄（Cの金額）
　「1　納付すべき相続税額」欄（Aの金額）から「2　納期限又は納付すべき日までに納付することができる金額」欄（Bの金額）を控除した額を記載してください。

## 4 「4　延納によって納付することができる金額」欄（Dの金額）

表「4　延納によって納付することができる金額の計算」において算出された金額（D）を記載してください。

(1) 経常収支による納税資金

年間の収入見込み額から年間の生活費及び事業経費を差し引いた額（年間納付可能資金）に延納年数を乗じることにより経常収支による納税資金を算出してください。

金額の計算に当たっては、次により表面の該当欄に金額を記載してください。

○年間の収入額

年間の収入額の計算に当たっては前年度の実績によるものとし、前年の確定申告書（又は源泉徴収票）等から金額（裏面2④の金額）を記載してください。

なお、最近の事業等の実績に変動がある場合には、その実績を踏まえて算出した額を加味した額を前年度の実績として差し支えありませんが、この場合は、その内容の説明及び金額の算定根拠等についても適宜の用紙に記載の上、その資料の写しを添付してください。

○年間の生活費及び事業経費

裏面2～4で計算した年間の生活費及び事業経費の金額（裏面3⑪及び裏面4⑭）の合計額となります。

○　延納年数

物納申請に係る相続税額が、延納申請税額であったとみなした場合に適用することができる延納可能年数（最長）によります。

○経常収支による納税資金の計算に当たっては、延納許可限度額の計算に当たって先に控除した当面の生活費及び当面の事業費の額（表面2「(3) 生活費及び事業経費」欄の金額）を加算します。

(2) 臨時的収入

概ね1年以内に見込まれる臨時的な収入（資産の譲渡、貸付金の回収、退職金の受給等）について、裏面5⑮欄に金額を記載し、その内容を簡記してください。

(3) 臨時的支出

概ね1年以内に見込まれる臨時的な支出（事業用資産の購入等）について、裏面5⑯欄に金額を記載し、その内容を簡記してください。

(注) 事業計画書・契約書・借入れ申込書の写しなど、支出に関する具体的内容及び支出時期の確認できる参考資料を添付してください。

5 「5 物納許可限度額」欄（Eの金額）

「3 延納許可限度額」欄（Cの金額）から「4 延納によって納付することができる金額」欄（Dの金額）を控除した額を記載してください

6 その他

○この「金銭納付を困難とする理由書」を作成するに当って使用した資料については、その写しを添付してください。
○理由書本文中の「納期限までに一時に納付することが困難であり」「延納によっても金銭で納付することが困難であり」の文言は、延納申請又は物納申請に添付する場合に応じ、不要部分を抹消してください。
○各欄の記載に当たって不明な点は、税務署にお尋ねください。
○贈与税の延納許可額の算出に当たっては、様式012 金銭納付を困難とする理由書（贈与税延納申請用）をご使用ください。

(2) **判定日**

相続税は、納期限までに、又は納付すべき日に金銭で納付することを困難とする事由がある場合には、相続人等の申請により、その納付を困難とする金額を限度として延納をすることができるとしています。そして、その延納許可限度額から延納によって納付することができる金額を控除して物納許可限度額を求めます。

以上のことから、金銭納付が困難であるか否かは、相続税の納期限において判定されることと考えられます。

(3) **判定方法**

金銭納付を困難とする理由書の様式に記入することで、物納許可限

度額を求めることができます。

　金銭納付を困難とする理由書では、納付すべき相続税額から、①納期限までに納付することができる金額を算定し、納付すべき相続税額から納付することができる金額を控除した金額が延納許可限度額となります。②延納許可限度額から延納によって納付することができる金額を控除して物納許可限度額を求めます。

**〈現金納付額の計算方法〉**

① 　納期限までに納付することができる金額

以下の(1)+(2)−(3)で求めます。

「(1)　相続した現金・預貯金等」欄

 で求めます。

（注1）評価が容易であり、かつ、市場性のある財産で速やかに売却等の処分をすることができるもの（出資使用権等、ゴルフ会員権等の権利で取引市場が形成されているもの）、納期限又は納付すべき日において確実に取り立てることができると認められる債権（退職金・貸付金・未収金等）、積立金・保険等の金融資産で容易に契約が解除でき、かつ、解約等による負担が少ないもの（養老保険、財産形成貯蓄、生命保険などで解約等による負担が少ないもの）をいいます。

　　　ただし、物納財産とされる財産は除かれます。

（注2）相続税の申告における債務及び葬式費用の合計金額です。また、その他の費用として、相続した現金・預貯金から支払った相続債務及び葬式費用以外の金額（税理士への申告報酬や不動産の相続登記に要した司法書士等の費用など）を加算します。

　以上の計算の結果、赤字の場合には、赤字の金額を金額頭部に△印を付けて記載します。

「(2) 納税者固有の現金・預貯金等」欄

$$\boxed{\text{手持ちの現金の額} + \text{預貯金の額} + \text{換価の容易な財産}} \text{ で求めます。}$$

「(3) 生活費及び事業経費」欄

$$\boxed{\text{当面の生活費（3か月分）のうち申請者が負担する額} + \text{当面の事業経費}} \text{ で求めます。}$$

〈延納によって納付することができる金額の計算方法〉

② 延納によって納付することができる金額

以下の (1)+(2)−(3)で求めます。

(1) 経常収支による納税資金

年間の収入見込み額から年間の生活費及び事業経費を差し引いた額（年間納付可能資金）に延納年数※を乗じることにより経常収支による納税資金を算出します。

(2) 臨時的収入

概ね1年以内に見込まれる臨時的な収入（資産の譲渡、貸付金の回収、退職金の受給等）についてその金額を計上します。

(3) 臨時的支出

概ね1年以内に見込まれる臨時的な支出（事業用資産の購入等）について、その金額を計上します。

〈物納許可限度額の計算方法〉

以上のように、納付すべき相続税額から、納期限までに納付することができる金額と、延納によって納付することができる金額を控除して、物納許可限度額を求めます。

※　延納年数は以下のように定められています。

| 区　分 | | 延納期間（最高） |
|---|---|---|
| 不動産等の割合が75％以上の場合 | ①　動産等に係る延納相続税額 | 10年 |
| | ②　不動産等に係る延納相続税額（③を除く） | 20年 |
| | ③　計画伐採立木の割合が20％以上の計画伐採立木に係る延納相続税額 | 20年 |
| 不動産等の割合が50％以上75％未満の場合 | ④　動産等に係る延納相続税額 | 10年 |
| | ⑤　不動産等に係る延納相続税額（⑥を除く） | 15年 |
| | ⑥　計画伐採立木の割合が20％以上の計画伐採立木に係る延納相続税額 | 20年 |
| 不動産等の割合が50％未満の場合 | ⑦　一般の延納相続税額（⑧、⑨及び⑩を除く） | 5年 |
| | ⑧　立木の割合が30％を超える場合の立木に係る延納相続税額（⑩を除く） | 5年 |
| | ⑨　特別緑地保全地区内の土地に係る延納相続税額 | 5年 |
| | ⑩　計画伐採立木の割合が20％以上計画伐採立木に係る延納相続税額 | 5年 |

# 第三章

## 上場株式等の物納申請の留意点

この章では、上場株式等の物納申請に当たり、留意すべき点などについて具体的に解説することとします。

## 1 国内財産・国外財産の判定

　相続等により取得した財産が国内財産か、国外財産かの判定は物納申請に影響します。物納申請財産は、国内に所在する財産でなければなりません。国債や株式の場合は、国内財産か否かの判定は容易であると思われますが、投資信託等を物納申請する場合には、発行法人の本店又は主たる事務所の所在地によっては国外財産とされることもあることから、それらの内容について事前の確認が欠かせません。

　有価証券についての所在の判定は、次によります。

●有価証券についての所在の判定の表

| 財産の種類 | 所在の判定 |
| --- | --- |
| 社債、株式、法人に対する出資又は外国預託証券 | その社債若しくは株式の発行法人、出資されている法人、又は外国預託証券に係る株式の発行法人の本店又は主たる事務所の所在による。 |
| 合同運用信託、投資信託及び外国投資信託又は法人課税信託に関する権利 | これらの信託の引受けをした営業所又は事業所の所在による。 |
| 国債、地方債 | 国債及び地方債は、法施行地（日本国内）に所在するものとする。外国又は外国の地方公共団体その他これに準ずるものの発行する公債は、その外国に所在するものとする。 |

## 2 収納単位

物納申請に当たっては、物納申請税額よりも物納に充てる財産の価額が超過することのないように財産を選定することが原則です。そのため、上場有価証券で超過物納になる事例は皆無と思われます。

(1) **株式の場合**

取引単位以上の株式とともに同一銘柄の単元未満株式の名義を、財務大臣に変更すれば物納することは可能です。

(2) **投資信託等の場合**

投資信託については物納できる単位口数が投資信託の銘柄毎に異なるため、事前に預入金融機関等で確認する必要があり、さらに、分配金が再投資される、いわゆる累積投資型となっている場合は、非累積投資型に変更手続を行う必要があります。

## 3 収納価額

物納財産を国が収納するときの価額は、原則として、相続税の課税価格計算の基礎となったその財産の価額になります。

なお、株式又は出資証券について増資又は減資が行われた場合、あるいはこれらの発行法人が合併し、株式又は出資証券の交付を受けた場合には、収納価額が改訂されます。

また、震災、風水害、落雷、火災その他天災により法人の財産が甚大な被害を受けたことその他の事由により当該法人の株式又は出資証券の価額が評価額より著しく低下したような場合には、収納の時の状態で相

続若しくは遺贈又は贈与によって取得した時にあったものとして、その取得した時における価額によって当該収納価額を定めるとしています。

しかし、証券取引所に上場されている株式の価額が証券市場の推移による経済界の一般的事由に基づき低落したような場合には、この「その他の事由」に該当しないものとして取り扱うことになります。

## 4 上場株式等を物納した場合のメリット

相続税の納税は、相続人ごとに判定します。上場株式等の物納を考える場合には、土地等の物納と比較して手続が容易で、かつ、物納の申請期限が相続の開始があったことを知った日の翌日から10か月以内であることから、相続税評価額と時価を確認しながら、有利な納税方法について事前に十分な検討が必要となります。

実務上の留意点として、日経平均株価が上昇していても、個別銘柄で見ると値下がりしている銘柄もあります。また、上場投資信託等の物納を検討する場合、国内財産か国外財産のいずれに該当するのか事前の確認が欠かせません。

●上場株式の株価変動の一例（相続開始日：平成28年11月1日）

| 銘柄 | 市場 | 課税時期と申告期限の終値 | |
|---|---|---|---|
| | | 平成28年11月1日 | 平成29年9月1日 |
| 日経平均株価 | — | 17,442.40円 | 19,691.47円 |
| 田淵電機 | 東1 | 330円 | 289円 |
| 日医工 | 東1 | 1,917円 | 1,704円 |
| ラオックス | 東2 | 845円 | 497円 |
| そーせいグループ | 東M | 15,160円 | 9,710円 |

上場株式等を物納した場合のメリットには、以下のようなものがあり

ます。

## (1) 大きな含み益の有価証券は物納有利

　個人がその財産を物納した場合には、譲渡がなかったものとみなすこととされています。

　この規定は、延納によっても金銭で納付することを困難とする金額として物納の許可を受けた相続税額に対応する価額の財産についてのみ適用されます。

　この場合、その株式等は、被相続人の取得価額を引き継ぎますので、含み益が大きい場合には、物納によれば譲渡益は非課税とされていることから、相続税評価額と物納申請時の株価が同額であっても、譲渡税の負担がない分だけ物納選択が有利となります。

　なお、金銭による納付を困難とする相続税額を超える価額の財産により物納された場合において、金銭をもって還付されることとなる当該財産の超過物納部分については、通常の譲渡の場合と同様に譲渡所得の課税対象となります。

　また、譲渡所得等の計算においては、国への譲渡として優良住宅地等のための譲渡の軽減税率の特例、短期譲渡所得の軽減税率の特例の適用があり、相続税の申告期限から３年以内の物納の場合には相続税額の取得費加算の特例の適用があります。

## (2) 「相続税評価額＞物納時の売却手取額」であれば物納有利

　物納財産を国が収納するときの価額は、原則として相続税の課税価格計算の基礎となったその財産の価額になります。そのため、物納申請時の株価が物納価額よりも値下がりしている場合には、物納申請によって納税することが有利となります。

| | 売却 | 物納 |
|---|---|---|
| 納税に充てることができる価額 | （売却時点の時価・売却代金）－（売却手数料）－（譲渡税） | 相続税評価額 |

| 譲渡税 | 譲渡益×20.315% | 非課税<br>(超過物納部分を除く) |
|---|---|---|
| 取得費加算の特例 | 適用あり | 超過物納部分については適用あり |

●銘柄別有利不利選択シミュレーション

| 銘柄 | 取得価額 | 相続税評価額<br>(収納価額) | 売却する場合※ | | 有利選択 |
|---|---|---|---|---|---|
| | | | その日の時価 | 税引き後の<br>納税資金 | |
| A株式 | 500 | 1,000 | 800 | 739 | 物納 |
| B株式 | 500 | 1,000 | 1,500 | 1,297 | 売却 |
| C株式 | 500 | 1,000 | 1,100 | 978 | 物納 |

※譲渡費用及び相続税額の取得費加算の特例は考慮していません。

### (3) 後期高齢者医療制度の窓口負担への影響

相続人が兄弟姉妹などの事例では、相続人が高齢者であることがあります。

75歳以上の人と一定の障害があると認定された65歳以上の人は、後期高齢者医療制度に加入し、医療給付等を受けることになります。この場合、医療機関での自己負担割合は、その年度（4月から7月までは前年度）の住民税課税所得額によって判定され、一般の人は1割（70歳から74歳の人は2割）、現役並み所得者は3割とされています。

現役並み所得者に該当するかどうかは、同一世帯に属する被保険者の住民税課税所得額（各種所得控除後の所得額）と収入額により判定されます。そのため、相続した株式等を一般口座で譲渡すると、たとえ譲渡損失であっても収入額の判定には算入されることから、その収入額によっては現役並み所得者と判定されてしまうこともあります。

●現役並み所得者（窓口負担割合3割）の判断基準

同一世帯に属する被保険者の「住民税課税所得額（各種所得控除後の所得額）」が145万円以上の人が該当します。ただし、住民税課税所得額

（各種所得控除後の所得額）が145万円以上であっても、収入額が次表の基準に該当すれば、市区町村の担当窓口で申請（基準収入額適用申請）をして認定を受けることで、自己負担割合が3割から1割に変更されます。

●同一世帯に被保険者が1人のみの場合

| 被保険者の<br>住民税課税所得額 | 被保険者の収入額 | 自己負担割合 |
|---|---|---|
| 145万円未満 | 不問 | 1割 |
| 145万円以上 | 383万円未満 | 3割（申請により1割） |
| | 383万円以上 | 3割 |

●同一世帯に被保険者が1人のみで、かつ、同一世帯に70歳から74歳の人がいる場合

| 被保険者の<br>住民税課税所得額 | 被保険者及び<br>70歳～74歳の人の合計収入額 | 自己負担割合 |
|---|---|---|
| 145万円未満 | 不問 | 1割 |
| 145万円以上 | 520万円未満 | 3割（申請により1割） |
| | 520万円以上 | 3割 |

●同一世帯に被保険者が2人以上いる場合

| 被保険者の<br>住民税課税所得額 | 被保険者の合計収入額 | 自己負担割合 |
|---|---|---|
| 145万円未満 | 不問 | 1割 |
| 145万円以上（注） | 520万円未満 | 3割（申請により1割） |
| | 520万円以上 | 3割 |

（注）同じ世帯に1人でも住民税課税所得額（各種所得控除後の所得額）が145万円以上の被保険者がいれば、この人と同じ世帯に属する被保険者は、すべて現役並み所得者（自己負担割合が3割）になります。

この場合、留意すべき収入金額とは、所得税法上の収入金額（一括して受け取る退職所得に係る収入金額を除きます。）であり、必要経費や公的年金控除等を差し引く前の金額です（所得金額ではありません。）。

また、土地・建物や上場株式等の譲渡損失を損益通算又は繰越控除するため確定申告した場合、売却時の収入は基準収入額適用申請における収入に含まれます（所得が０円又はマイナスになる場合でも、売却金額が収入となります。）。
　そのため、相続した上場株式等を譲渡し、所得税の確定申告を行うことになると、収入金額判定に影響することが考えられます（源泉徴収ありの特定口座内で譲渡し、所得税の確定申告を行わない場合には、収入金額には影響しません。）。
　そのため、一般口座で保有する株式を物納すれば、所得税の申告不要なので後期高齢者医療制度の窓口負担への影響はありません。

## 5　上場株式等の物納手続

　有価証券等の物納手続に当たっては、国税庁の作成した「相続税の物納の手引」や「物納手続関係書類チェックリスト（有価証券・その他の財産）」を参考に、関係書類の準備を行うようにします。

### (1)　標準的な審査期間等

　物納申請する上場株式の銘柄、数量等を財務局で確認する必要がありますので、振替口座簿の写しを提出します。物納申請が行われた場合には、物納申請書の提出期限の翌日から起算して３か月以内※に許可又は却下が行われます。ただし、物納申請財産が多数ある場合や積雪などの気象条件により財産の確認ができない場合などには、この審査期間を最長９か月まで延長することがあります。
　物納申請に当たっては、物納手続関係書類の作成を行い、物納申請書に添付して提出する必要があるほか、提出された書類の訂正等や物納申請財産を収納するために必要な措置の実施についても、定められた期限

までに行う必要があります。

(注) 物納申請者が物納手続関係書類提出期限延長届出書を提出して提出期限の延長をしている期間や税務署長が書類の提出又は訂正を求めている期間がある場合には、国の申請期間の3か月に、それらの日数を加算します。なお、この審査期間を経過しても許可又は却下されない場合には、その物納申請は許可されたものとみなされます。

### (2) 財務大臣への名義変更等

上場株式等を物納しようと考える場合には、物納申請する時までに、所有者の名義を相続人に変更しておきます。期限までに相続人への名義変更ができない場合には、物納手続関係書類提出期限延長届出書を提出します。

① 国債・地方債

登録国債、登録地方債及び振替国債以外の国債及び地方債の場合には、物納申請する国債・地方債の記号番号等を確認する必要があるため、物納しようとする国債・地方債の証券の写しを提出します。登録国債は、国債登録変更請求書で、登録地方債は移転登録請求書などで財務大臣へ所有権の移転手続を行います。また、振替国債については、財務局長名義の口座への振替手続が必要となります。

② 社債等

登録社債以外の社債、投資信託又は貸付信託の受益証券、特別の法律により設立された法人の発行する債券又は出資証券の場合には、物納申請する有価証券（社債等）の記号番号等を確認する必要があるため、その写しを提出します。

登録社債は、移転登録請求書で財務大臣に登録名義の移転手続を行います。登録社債以外については、物納許可通知書の送付を受けた場合には、指定された日までに、税務署へ社債等を持参することとされています。

物納許可通知書の送付を受けた場合には、物納しようとする投資信託等を指定された日までに、所有者の振替口座から財務大臣等の口座

への振替手続を行います。そして、振替手続を了した場合には、「振替を行った旨の届出書」を提出します。

③ **上場株式等**

上場株式等を物納申請しようとする場合には、物納申請時に物納しようとする上場株式等の銘柄、数量等を確認する必要があるため、所有者の振替口座簿の写しを提出します。

物納許可通知書の送付を受けた場合には、物納しようとする株式を指定された日までに、所有者の振替口座から財務大臣等の口座へ振替手続を行います。

なお、振替手続を了した場合には「振替を行った旨の届出書」を提出します。

第三章 上場株式等の物納申請の留意点

## ●物納手続関係書類チェックリスト（有価証券・その他の財産）

物納手続関係書類チェックリスト（有価証券・その他の財産）

| (住所) | | 提出書類 | 申請者確認 | |
|---|---|---|---|---|
| | | 1 物納申請書 | ☐ | (通) |
| | 物納申請書別紙 | 2 物納財産目録 | ☐ | |
| (氏名) | | 3 金銭納付を困難とする理由書 | ☐ | |
| | | 4 物納財産収納手続書類提出等確約書 | ☐ | |
| | | 5 物納劣後財産等を物納に充てる理由書 | ☐ | |

◎ 有価証券

| 有価証券の表示 | 種類及び銘柄 | |
|---|---|---|
| | (登録・記名・無記名) | |
| | 種類及び銘柄 | |
| | 記号及び番号 | |
| | 数量（枚） | |

| | 国債・地方債 | | | 株式 | | その他有価証券 | |
|---|---|---|---|---|---|---|---|
| | 登録国債 | 登録地方債 | その他 | 上場株式 | その他 | 登録社債 | その他 |
| 有価証券の写し※<br>(上場株式の場合は所有者の振替口座簿の写し) | ☐(通) | ☐(通) | ☐(通) | ☐(通) | ☐(通) | ☐(通) | ☐(通) |
| 国債登録変更（移転登録）請求書 ※ | ☐ | | | | | | |
| 移転登録請求書 ※ | | ☐ | | | | ☐ | |
| 取引相場のない株式の発行会社の登記事項証明書 | | | | | ☐ | | |
| 取引相場のない株式の発行会社の決算書<br>（直近2年間分） | | | | | ☐ | | |
| 取引相場のない株式の発行会社の株主名簿の写し | | | | | ☐ | | |
| 誓約書及び役員一覧 | | | | | ☐ | | |
| 物納財産売却手続書類提出等確約書 | | | | | ☐ | | |

◎ その他の財産（立木、船舶、動産、特定登録美術品）

| 財産の表示 | | 提出書類 | | |
|---|---|---|---|---|
| 立木 | 所在 | 樹齢・樹種その他の立木を特定するために必要な事項を記載した書類 | ☐ | (通) |
| | 地番　　地目 | | | |
| | 面積 | | | |
| 船舶 | 船籍港 | 登記事項証明書 | ☐ | |
| | 名称（構造） | | | |
| | トン数　　大きさ | | | |
| 動産 | 名称（動産・特定登録美術品） | 動産の価額の計算の明細を記載した書類（動産） | ☐ | |
| | 品質（性質） | 評価価格通知書（特定登録美術品） | ☐ | |
| | 数量（枚） | | | |

(注) 1 物納申請財産の利用状況に該当する提出書類を確認の上、チェック欄「☐」をチェックし、提出通数を右横にお書きください。
2 提出書類に「※」が記載されているものは、相続税法施行規則に提出書類としての規定はありませんが、物納許可又は財産の管理処分上有用（物納財産の収納に必要）なものであるから、提出をお願いするものです。

（出典：相続税の物納の手引　～手続編～　国税庁）

## ●振替口座簿の見本

振替機関：(株)証券保管振替機構
口座管理機関：■■■■株式会社
振替株式等

作成日：2017年 9月13日

## 振替口座簿

対象期間：2017/07/07～2017/09/12

| 管理番号 | | |
|---|---|---|
| 顧客番号 | | |
| 氏名 | | |

| 銘柄コード 銘柄名 | 所在 | 摘分区分 | 摘要日付 | 増減理由 | 補助 | 増加数量 (株・千円・口・単) | 減少数量 (株・千円・口・単) | 残高数量 (株・千円・口・単) | 関係 | 外国人区分 (NTT前) | 外国人区分 (航空法) | 外国人区分 (放送法) | 住所 | 備考 |
|---|---|---|---|---|---|---|---|---|---|---|---|---|---|---|
| 2269 明治ホールディングス | 1160 | 01 | 20170911 | その他 | D | 300 | | | | | | | | |
| | | 01 | 20170911 | *残高* | D | | 13 | 313 | | | | | | |
| 2296 伊藤ハム米久ホールディングス | 1160 | 01 | 20170911 | その他 | D | 300 | | | | | | | | |
| | | 01 | 20170911 | *残高* | D | | | 300 | | | | | | |
| 4503 アステラス製薬 | 1160 | 01 | 20170911 | その他 | D | 75 | | | | | | | | |
| | | 01 | 20170911 | *残高* | D | | | 75 | | | | | | |
| 4506 大日本住友製薬 | 1160 | 01 | 20170911 | その他 | D | 100 | | | | | | | | |
| | | 01 | 20170911 | *残高* | D | | 20 | 120 | | | | | | |
| 4528 小野薬品工業 | 1160 | 01 | 20170911 | その他 | D | 60 | | | | | | | | |
| | | 01 | 20170911 | *残高* | D | | | 60 | | | | | | |
| 4902 コニカミノルタ | 1160 | 01 | 20170911 | その他 | D | 300 | | | | | | | | |
| | | 01 | 20170911 | *残高* | D | | 33 | 333 | | | | | | |
| 5332 TOTO | 1160 | 01 | 20170911 | その他 | D | 75 | | | | | | | | |
| | | 01 | 20170911 | *残高* | D | | | 75 | | | | | | |
| 6366 千代田化工建設 | 1160 | 01 | 20170911 | その他 | D | 150 | | | | | | | | |
| | | 01 | 20170911 | *残高* | D | | | 150 | | | | | | |
| 6502 東芝 | 1160 | 01 | 20170911 | その他 | D | 750 | | | | | | | | |
| | | 01 | 20170911 | *残高* | D | | | 750 | | | | | | |
| 6701 日本電気 | 1160 | 01 | 20170911 | その他 | D | 1000 | | | | | | | | |
| | | 01 | 20170911 | *残高* | D | | 669 | 1669 | | | | | | |
| 7203 トヨタ自動車 | 1160 | 01 | 20170911 | その他 | D | 2000 | | | | | | | | |
| | | 01 | 20170911 | *残高* | D | | 27 | 2027 | | | | | | |
| 7261 マツダ | 1160 | 01 | 20170911 | その他 | D | 500 | | | | | | | | |
| | | 01 | 20170911 | *残高* | D | | 50 | 550 | | | | | | |

保存年限10年（法定）

第三章 上場株式等の物納申請の留意点

●振替を行った旨の届出書

## 振替を行った旨の届出書

(税務署収受印)

平成　年　月　日

　　　税務署長　殿

（〒　　－　　）
住所 _____
フリガナ
氏名 _____ ㊞
法人番号 □□□□□□□□□□□□□

　平成　年　月　日付で物納許可を受けた株式については、次のとおり財務大臣口座への振替を行いました。

| 銘　柄<br>（銘柄コード） | 数　量 | 振替請求日<br>振替のあった日 | 振替請求手続を<br>行った口座管理機関 |
|---|---|---|---|
| （　　　　　） |  | 年　月　日<br>年　月　日 |  |
| （　　　　　） |  | 年　月　日<br>年　月　日 |  |
| （　　　　　） |  | 年　月　日<br>年　月　日 |  |
| （　　　　　） |  | 年　月　日<br>年　月　日 |  |
| （　　　　　） |  | 年　月　日<br>年　月　日 |  |
| （　　　　　） |  | 年　月　日<br>年　月　日 |  |

【備考】
※振替先口座（財務大臣口座）：○○証券○○支店（○○名義　口座番号○○○○）

（注）添付資料により上記記載事項の確認ができる場合は、「別添資料のとおり」等と記載
　　　して差し支えありません。

【添付資料】
　□　振替指図書の写し　　　枚
　□　口座管理簿の写し（振替の事績が分かるもの）　　　枚

（出典：相続税の物納の手引　～手続編～　国税庁）

●物納申請書の見本（有価証券）

| 種類及び銘柄 | 登録記名無記名の区別 | 記号及び番号 | 額面金額又は払込金額 | 数量 | 単価 | 価額 | 備考 |
|---|---|---|---|---|---|---|---|
| | | | 物　納　財　産　目　録 (国債、地方債、社債、その他の有価証券用) | | | | |
| | | | 円 | 枚 | 円 | 円 | |
| | | | | | | | |
| | | | | | | | |
| | | | | | | | |
| | | | | | | | |
| | | | | | | | |
| | | | | | | | |
| | | | | | | | |
| | | | | | | | |

※ 受益証券、社債等である場合は、これらを購入した金融機関（及び支店）名を「備考」欄に記載してください。

（出典：相続税の物納の手引　～手続編～　国税庁）

※　国債、地方債、社債等の種類又は銘柄別に、登録の済否、記号番号、額面、数量を記載し、「価額」欄は相続税の課税価格に算入された金額を記載します。なお、社債又は証券投資信託若しくは貸付信託の受益証券である場合は、備考欄に当該有価証券の購入先金融機関を記載します。

## (3) 実務上の留意点

① 物納する株式の配当金や株主優待の権利を確保するために、物納時期を配当等の権利確定日以後に遅らせることも検討しておくべきです。その場合、物納手続関係書類提出期限延長届出書を提出することになりますが、上場株式の所有者の振替口座簿の写しを添付して申請することとされているため、その写しの入手に時間がかかるなど、合理的な理由を記載すべきと考えます。

　なお、物納を許可するときには、提出期限を定めて所有権移転に必要な書類や名義変更後の有価証券の提出が求められます。例えば、株式の場合には、財務大臣名義に変更して税務署に提出します。この場合、提出期限までに必要書類等が提出されない場合には、物納許可が取り消されることがあります。また、物納許可があった日の翌日から6日以内に国への所有権移転手続を行うことができないときは、7日を経過する日から所有権移転手続を了した日までの期間は利子税がかかります。

② 物納申請期限までに物納手続関係書類の全部又は一部を提出できないため「物納手続関係書類提出期限延長届出書」を提出した場合には、その延長期限までの期間利子税がかかります。そのため、延長した期間よりも早く関係書類が整って提出しても、延長届出書に記載された期間までの利子税が課されますので、3か月単位で提出期限の延長をしていると余分に利子税を支払うことになり兼ねません。

　しかし、物納手続関係書類が期日までに提出されない場合などには、物納申請が却下されますので、提出期限の延長期間を短くし過ぎても何度も延長届出書を提出する手間がかかり、届出期限の管理が煩雑となります。

## 6 収納された上場株式等の管理・処分

　国有財産となった上場株式等は、財務省理財局作成の「物納等有価証券に関する事務取扱要領について」によると、以下のように管理・処分されます。

　物納有価証券は、相続税の金銭による納付が困難な場合に限り、金銭に代わるものとして納付されたものであることから、早期の処分に向け計画的に取り組むとしています。

　上場株式については、関東財務局において委託証券会社と委託契約を締結し、金融商品市場を通じて速やかに処分し、上場株式以外の金融市場で取引のある有価証券についても、上場株式と同様に委託証券会社に処分を行わせることとしています。

　発行会社が配当金等以外で株主に配付する株主優待券や商品券等については、物品管理法において定める物品に該当することに留意して、物品管理官において適切に管理又は処分が行われるよう財務局等会計課と連携し対応するとしています。

　なお、国が株主である間の株主総会に当たっては、「事前に会社の経営・財務状況及び議決事項の内容を調査した上で、対応方針を決定する。特に、次に掲げる議決事項に係る対応方針の決定に際しては、次の点に留意する」としています。

> イ．定款の変更、資本の減少、会社の合併、株式交換、株式移転、会社の解散など会社法上の特別決議又は特殊決議に係る議決事項については、株式価値の保全に与える影響等に関して、会社とのヒアリングを通じて慎重に把握する。
> ロ．配当金に係る議決事項については、会社の利益及び内部留保の状況、役員報酬、同業他社の配当水準との比較等を踏まえ、会社の配当が著しく少ないと思われる場合には、会社に対して明確な理由の説明を求める。

　平成29年4月現在、財務大臣が大株主である会社には、日本郵政株式会社、日本たばこ産業株式会社や日本電信電話株式会社などがありますが、国策会社でもあるので当然かもしれません。民間企業でも、相続によって株式が物納され財務大臣が一時期大株主になることがあります。

　ACCESSの創業者、荒川亨氏が、享年50歳の若さで平成21年10月23日に死去。四季報によると、亨氏の直前の持株数は、59,415株（15.1％）となっています。また、持株会社と思われる有限会社樹が7,400株（1.8％）を所有しています。

　死亡日の終値は、241,500円となっていて、亨氏の持株数を乗じて計算するとACCESSの株式だけで143億4,872万円となります。

　そのため、相続人は株式を物納し、平成22年11月15日に財務大臣が22,993株（5.87％）を所有していると届出がありました。四季報では、相続人と思われる荒川立樹氏（6,037株）、瑞樹氏（6,035株）及び大樹氏（6,035株）が、その後大株主として報告されています。また、亨氏のままの株式が6,000株とされています。

　財務大臣の名義の株式が四季報から消えたのは、平成25年4月～6月の間で、株価は終値で、4月1日が56,700円、6月28日（金）は72,400円、5月14日の103,400円がその間の高値となっています。同時期に、荒川一族の所有する株式も亨氏の名義を除き、大株主から名義は消えています。

# 第四章
## 設例で検証する物納

この章では、上場株式等の物納の具体的な手続等について、設例を用いて分かりやすく解説します。

## 1 金銭納付困難の判定

相続税の物納では、金銭納付が困難であることが要件の1つとされています。金銭納付が困難か否かについては、「金銭納付を困難とする理由書」をもって計算することとされています。

その理由書における「納期限までに納付することができる金額の計算」欄において、「相続した現金・預貯金等」は、以下の算式で求めることとしています。

(注1) 評価が容易であり、かつ、市場性のある財産で速やかに売却等の処分をすることができるもの（出資使用権等、ゴルフ会員権等の権利で取引市場が形成されているもの）、納期限又は納付すべき日において確実に取り立てることができると認められる債権（退職金・貸付金・未収金等）、積立金・保険等の金融資産で容易に契約が解除でき、かつ、解約等による負担が少ないもの（養老保険、財産形成貯蓄、生命保険などで解約等による負担が少ないもの）をいいます。
　ただし、物納財産とされる財産は除かれます。つまり、上場株式は現金化が容易ですが、物納財産とされていますので、売却した現金で納税に充てなくてもよいということです。
(注2) 相続税の申告における債務及び葬式費用の合計金額です。また、その他の費用として、相続した現金・預貯金から支払った相続債務及び葬式費用以外の金額（税理士への申告報酬や不動産の相続登記に要した司法書士等の費用など）を加算します。

支払費用等については、相続税の申告における債務及び葬式費用の合計額を控除することとされていますので、遺産分割によって物納を検討している相続人が金銭納付困難事由に該当するよう、銀行借入金などを抱き合わせて相続するなどの工夫が必要です。

# 第四章 ■ 設例で検証する物納

## 【設例】

1. 被相続人……（平成29年4月死亡）
2. 相続人……長男・長女
3. 相続財産
   (1) 現預金　1億円
   (2) 不動産　5,000万円
   (3) 上場株式
      ① A株式　1,700万円（納付期限には1,000万円に値下がり）
      ② B株式　3,300万円
   (4) その他財産　5,000万円
   (5) 借入金　5,000万円
4. 遺産分割
   (1) ケース1
   ・長男　現預金$\frac{1}{2}$、不動産、上場株式及び借入金を相続
   ・長女　現預金$\frac{1}{2}$とその他の財産を相続
   (2) ケース2
   ・長男　現預金$\frac{1}{2}$、不動産$\frac{1}{2}$、上場株式及び借入金を$\frac{1}{2}$相続
   ・長女　現預金$\frac{1}{2}$、不動産$\frac{1}{2}$、その他財産及び借入金を$\frac{1}{2}$相続
5. 相続税

（単位：万円）

|  | ケース1 | | ケース2 | |
| --- | --- | --- | --- | --- |
|  | 長男 | 長女 | 長男 | 長女 |
| 現預金 | 5,000 | 5,000 | 5,000 | 5,000 |
| 不動産 | 5,000 | ― | 2,500 | 2,500 |
| 上場株式 | 5,000 | ― | 5,000 | ― |
| その他財産 | ― | 5,000 | ― | 5,000 |
| 借入金 | △5,000 | ― | △2,500 | △2,500 |

| 課税価格 | 10,000 | 10,000 | 10,000 | 10,000 |
| --- | --- | --- | --- | --- |
| 相続税 | 1,670 | 1,670 | 1,670 | 1,670 |

## 5 相続税の納税

(1) 長女

　ケース1及びケース2のいずれの場合も、相続した現預金から相続税の納税が可能なので、全額金銭一時納付が求められる。

(2) 長男

　ケース1の場合、長男は、現預金を5,000万円相続し、納付すべき相続税は1,670万円なので、全額金銭納付が可能なように見える。しかし、相続税の物納における金銭納付困難事由の算定では、相続債務を控除して判定することとしているので、納期限までに納付することができる金額はないこととなる。

　そのため、長男固有の金銭等や、一定の安定した収入等がない場合には、物納申請によって物納が可能と判定される。そこで、大きく値下がりしているA株式を物納すれば、相続税評価額で相続税の納税に充てることができる。

　一方、ケース2の場合には、相続した現預金から相続債務を控除しても、納付すべき相続税額以上の現預金が残ることから、物納は困難と思われる。

## 2 現預金をMMF等へ

　相続税の納付においては、相続人固有の現金及び預貯金や換価の容易な財産でも、一定の金額については、優先して相続税の納税に充てることとされています。しかし、物納財産として定められている財産は、換価して相続税の納税に充てることを求められていません。

　そのため、相続税を物納によって納付しようと考える場合には、相続人固有の現金及び預貯金を、証券口座のMRF※1又はMMF※2に預け替えをしておきます。これらは、銀行の商品に当てはめればMRFは普通預金、MMFは定期預金に該当しますので、運用によるリスクは皆無と考えることができます。しかし、MRFやMMFは投資信託に区分されることから、物納財産に該当すると思われます。

　その結果、相続人固有の現金及び預貯金が少なくなることから、金銭納付困難事由に該当する可能性が高くなります。

※1　MRF（マネーリザーブドファンド）とは、公社債投資信託の一種で、超短期の債券で運用されている投資信託で、証券会社において「普通預金」と同じような扱い方をされる商品です。ただし、投資信託である以上は元本割れのリスクはあるもの、過去MRFが元本割れを起こしたことはありません。

※2　MMF（マネー・マネージメント・ファンド）は、主要な投資対象を国債など国内外の公社債や譲渡性預金（CD）、コマーシャル・ペーパーなどの短期金融資産とするオープン型の公社債投資信託で、証券会社において「定期預金」と同じような扱い方をされる商品です。

### 【設例】

1　被　相　続　人……父（平成29年4月死亡）
2　相　　続　　人……長男・長女
3　相続財産と遺産分割
　(1)　現預金　1億1,000万円（長女が相続）
　(2)　上場株式（長男が相続）

① A株式　2,000万円（納付期限には1,000万円に値下がり）
② B株式　9,000万円

4　相続税の計算

（単位：万円）

|  | 長男 | 長女 |
|---|---|---|
| 現預金 | ― | 11,000 |
| 上場株式 | 11,000 | ― |
| 課税価格 | 11,000 | 11,000 |
| 相続税 | 1,970 | 1,970 |

5　そ　の　他……（長男固有の事情）

　長男固有の現預金が3,000万円あり、そのうち、相続税の納付に充てることが求められる金額は2,000万円と計算される。そのため、父の相続開始前に2,000万円をMMFに預け替えを実行した。

6　相続税の納税

（1）長女

　　相続した現預金から相続税の納税が可能なので、全額金銭一時納付が求められる。

（2）長男

　　長男は金銭一時納付が困難であり、また、多額の安定収入がない場合には、延納によっても金銭で納付することが困難と判定され、上場株式を物納申請することにより、物納が認められる可能性が高いと思われる。この場合、大きく値下がりしているA株式を物納申請すれば、相続税評価額によって物納することができる。

## 3　臨時的な支出

　物納は、納付すべき相続税額のうち、納期限において有する現金、預貯金その他換価が容易な財産の価額に相当する金額等を充て現金納付額を求めます。

　納期限において現金一時納付が困難な場合には、延納によって納付することができる金額については、延納申請することになります。

　この場合、年間の収入見込み額などから年間の納付資力を求め、おおむね1年以内に見込まれる臨時的な支出などを控除して、延納によって納付することができる金額（年間の納付資力の金額に最長延納年数を乗じて、その金額から臨時的な支出などを控除します。）を求めます。

> ※　臨時的な支出の具体例
> ①　事業で新規に機械や車を購入
> ②　子や孫の結婚資金や教育資金など
> ③　自宅の取得や建物の大規模修繕　　など

　この臨時的な支出の金額が大きい場合には、延納によって納付することができる金額が少なく計算され、結果として物納許可限度額が大きくなります。

【設例】

1. 被 相 続 人……父（平成29年4月死亡）
2. 相　　続　　人……長男・長女
3. 相続財産と遺産分割
   (1) 現預金　1億円（長女が相続）
   (2) 上場株式（長男が相続）
       ① A株式　1,700万円（納付期限には、1,000万円に値下がり）
       ② B株式　8,300万円
4. 相続税の計算

（単位：万円）

|  | 長男 | 長女 |
|---|---|---|
| 現預金 | ― | 10,000 |
| 上場株式 | 10,000 | ― |
| 課税価格 | 10,000 | 10,000 |
| 相続税 | 1,670 | 1,670 |

5. 長男固有の事情

　長男は、金銭一時納付することができる金銭はないが、年間の納付資力は200万円と計算され、最長延納年数5年（不動産等の割合が50％未満）となる。しかし、長男の子の結婚や大学の入学金や留学費用など臨時的な支出が1,000万円と見込まれることから延納によって納付することができる金額はないものとされる。

6. 相続税の納税
   (1) 長女
       相続した現預金から相続税の納税が可能なので、全額金銭一時納付が求められる。
   (2) 長男
       金銭一時納付及び延納によっても納付することができる金額が算

定されないことから、A株式を物納申請すれば、相続税評価額によって物納することができる。

なお、相続した不動産の登記費用や税理士に対する相続税の申告報酬、信託銀行などに依頼した遺言信託・遺産整理業務の報酬については、物納申請期限までに支払った場合には、「納期限までに納付することができる金額の計算」における支払費用等に記載し、控除します。

## 4 相続発生後は、遺産分割によって金銭納付困難事由に該当するよう工夫する

　物納要件のうち、「延納によっても金銭で納付することが困難な金額の範囲内であること」については、相続人ごとに判定することとされていますので、相続財産の中に多額の現金・預貯金があっても、被相続人の配偶者が現金・預貯金をすべて相続するなどの遺産分割を行うことなどによって、現金・預貯金を相続しなかった相続人は物納による納税選択の可能性が高まります。

【設例】

1. 被 相 続 人……父（平成29年4月死亡）
2. 相 続 人……母・長男
3. 相 続 財 産……現金1億6,000万円、A土地　1億2,000万円、B貸宅地　4,000万円
4. 遺 産 分 割 案

（単位：万円）

|  | 分割案1 | | 分割案2 | |
| --- | --- | --- | --- | --- |
|  | 母 | 長男 | 母 | 長男 |
| 現金 | 16,000 | — | 10,000 | 6,000 |
| A土地 | — | 12,000 | 6,000 | 6,000 |
| B貸宅地 | — | 4,000 | — | 4,000 |
| 課税価格 | 16,000 | 16,000 | 16,000 | 16,000 |
| 基礎控除 | 4,200 | | 4,200 | |
| 相続税額 | 0 | 3,860 | 0 | 3,860 |

　分割案1によれば、長男は金銭納付困難事由に該当し、B貸宅地の物納が許可される可能性が高いと考えられる。その場合、超過物納になり140万円が金銭で還付される。

　一方、分割案2によると、相続した現金で一時納付が可能と思われることから物納申請は却下されることになる。このように、遺産分割のあり方によって物納許可の可否が異なることになる。

## コラム 相続開始後における対策

以下は、上場株式等が物納の第2順位のときに、弊所で取り扱った上場株式を物納した事例（財産の内容や金額は、物納の取扱いを理解しやすいよう修正してあります。）です。

1. 被 相 続 人……父（平成22年11月）
2. 相 続 人……母・長男・長女（専業主婦）
3. 相 続 財 産……不動産1億円、現預金2億円、
   上場株式1億円（T電力3,000万円、他7,000万円）
4. 遺 産 分 割……母は不動産5,000万円及び預貯金1億5,000万円を、長男は不動産5,000万円及び現預金5,000万円を、長女は上場株式を相続した。
5. 相続税と物納

（単位：万円）

|  | 母 | 長男 | 長女 |
|---|---|---|---|
| 不動産 | 5,000 | 5,000 | — |
| 現預金 | 15,000 | 5,000 | — |
| 上場株式 | — | — | 10,000 |
| 課税価格 | 20,000 | 10,000 | 10,000 |
| 基礎控除額 | 8,000 | | |
| 相続税の総額 | 8,100 | | |
| 各人の算出税額 | 4,050 | 2,025 | 2,025 |
| 配偶者の税額軽減額 | △4,050 | — | — |
| 納付すべき相続税額 | 0 | 2,025 | 2,025 |

※ 長女は、T電力株式を物納した。

6. 解 説……T電力株式は、東日本大震災によって相続税評価額2,200円であったものが、相続税の申告期限の平成23年9月には200円に値下がりしていた。

そこで、専業主婦で安定した収入もなく固有の預貯金も有していない長女が上場株式を相続したことで、長女は金銭納付困難事由に該当し、物納の第1順位である不動産等を相続していないので、第2順位のT電力株式を物納申請し相続税評価額2,200円で収納された。

　金銭納付困難事由の判定は、相続人ごとに行うこととされていて、長男は相続した現預金で納税できるため、金銭一時納付することとなる。このように、相続開始後も遺産分割のあり方次第で物納の可否に影響することとなる。

## 5　株主優待制度

　多くの上場会社は、安定株主作りの一環として株主優待制度を設けています。

　富裕層の中では、自分の住む沿線の電鉄会社の株式を、株主優待乗車証で全線が無料で乗れるだけの株数を保有することが一種のステータスと考える人もいます。

　例えば、阪急阪神ホールディングスでは、9,800株数以上保有している株主には、阪急電車又は阪神電車の全線無料で乗れる株主優待乗車証を発行しています。

　相続が開始した場合、相続人間でその株式が分割して相続されると、株主優待内容がランクダウンしてしまうこともあります。そのため、それらの有利不利も考慮して遺産分割を行うなど細やかな配慮や提案が欠かせません。

　また、物納を行う際は、株主としての権利確定日以降に財務大臣名義へ振替すれば、その年度の株主優待制度の権利は相続人が得ることができます。

【参考】阪急阪神ホールディングス株式会社の場合の株主優待制度

(平成29年4月現在)

| 優待基準株数 | 優待内容 | |
|---|---|---|
| | 株主優待乗車証 | 株主優待乗車証 |
| 100株〜199株 | 2回カード×1枚<br>(2回乗車分) | ― |
| 200株〜479株 | 4回カード×1枚<br>(4回乗車分) | ― |
| 480株〜999株 | 4回カード×3枚<br>(12回乗車分) | ― |
| 1,000株〜1,999株 | 25回カード×1枚<br>(25回乗車分) | ― |
| 2,000株〜6,199株 | 30回カード×2枚<br>(60回乗車分) | ― |
| 6,200株〜9,799株<br>※(1)(2)のいずれかを選択 ① | 30回カード×2枚<br>(60回乗車分) | ― |
| ② | 10回カード×1枚<br>(10回乗車分) | 阪神電車全線パス1枚 |
| 9,800株〜15,999株<br>※(1)(2)のいずれかを選択 ① | 10回カード×1枚<br>(10回乗車分) | 阪急電車全線パス1枚 |
| ② | 10回カード×1枚<br>(10回乗車分) | 阪神電車全線パス1枚 |
| 16,000株〜199,999株 | 10回カード×1枚<br>(10回乗車分) | 阪急電車全線パス1枚<br>＋<br>阪神電車全線パス1枚 |
| 20万株以上 | 10回カード×1枚<br>(10回乗車分) | 阪急電車全線パス10枚<br>＋<br>阪神電車全線パス10枚 |

※ 上記のほか、すべての株主には「グループ優待券1冊」が贈られます。

■著者紹介

## 山本　和義（税理士・行政書士・CFP）
（やまもと　かずよし）

| | |
|---|---|
| 昭和27年 | 大阪に生まれる |
| 昭和50年 | 関西大学卒業後会計事務所勤務を経て |
| 昭和57年 | 山本和義税理士事務所開業 |
| 昭和60年 | 株式会社FP総合研究所設立 |
| | 代表取締役に就任 |
| 平成16年 | 税理士法人FP総合研究所設立 |
| | 代表社員に就任 |
| 平成29年 | 税理士法人ファミリィ設立 |
| | 代表社員に就任 |
| 著　書 | 『タイムリミットで考える相続税対策実践ハンドブック』（清文社） |
| | 『立場で異なる自社株評価と相続対策』（清文社） |
| | 『税理士のための相続税の申告実務の進め方』（清文社） |
| | 『これならできる！物納による相続税の納税対策』（清文社） |
| | 『どこをどうみる相続税調査』（共著・清文社） |
| | 『大切なひとの安心を支える相続手続ハンドブック』（共著・実務出版） |
| | 『遺産分割と相続発生後の対策』（共著・大蔵財務協会） |
| | 『相続財産がないことの確認』（共著・TKC出版） |
| | 『相続税の申告と書面添付』（共著・TKC出版）ほか |
| | 『税理士の相続業務強化マニュアル』（中央経済社） |
| 備　考 | 資産運用・土地の有効利用並びに相続対策、節税対策等を中心に、各種の講演会・研修会を企画運営、並びに講師として活動。また、資産税に関する研修会、個人所得・経営に関する研修会を毎月、定期的に開催しています。 |

## 水品　志麻（税理士）
（みずしな　しま）

| | |
|---|---|
| 平成9年 | 山本和義税理士事務所（現・税理士法人FP総合研究所）入所 |
| 著　書 | 『どこをどうみる相続税調査』（共著・清文社） |
| | 『遺産分割と相続発生後の対策』（共著・大蔵財務協会） |
| | 『相続対策に活かす生命保険活用法』（共著・大蔵財務協会） |

相続税の物納制度が大改正！
上場株式等の相続と有利な物納選択

2017年12月25日　発行

| 著　者 | 山本　和義／水品　志麻　Ⓒ |
|---|---|
| 発行者 | 小泉　定裕 |
| 発行所 | 株式会社　清文社　　東京都千代田区内神田1-6-6（MIFビル）<br>〒101-0047　電話03(6273)7946　FAX03(3518)0299<br>大阪市北区天神橋2丁目北2-6（大和南森町ビル）<br>〒530-0041　電話06(6135)4050　FAX06(6135)4059<br>URL http://www.skattsei.co.jp/ |

印刷：大村印刷㈱

■著作権法により無断複写複製は禁止されています。落丁本・乱丁本はお取り替えします。
■本書の内容に関するお問い合わせは編集部までFAX（06-6135-4056）でお願いします。
■本書の追録情報等は、当社ホームページ（http://www.skattsei.co.jp）をご覧ください。

ISBN978-4-433-62757-7